50 HISTOIRES QUI VALENT DE L'OR

Patrice Castelli

50 HISTOIRES QUI VALENT DE L'OR

ISBN numérique : 9791040592020
EAN papier : 9791040592037

Cet ouvrage a reçu le Label Création humaine, qui garantit qu'il a été entièrement conçu et écrit par son auteur sans usage de l'Intelligence Artificielle.

Librinova

Courriel : contact@librinova.com
Internet : www.librinova.com

Sommaire

AVANT-PROPOS

L'or a toujours fasciné les hommes à travers les millénaires et il a suscité de nombreuses convoitises. Que ce soit pour faire commerce, asseoir son pouvoir ou utilisé en tant que métal ornemental, il a traversé les siècles et les conflits sans perdre de son éclat.

Mieux que cela, il a aussi enchaîné les records ces derniers mois, jusqu'à atteindre les 3 500 $ l'once (31,10 grammes) le 2 septembre 2025 et même la barre symbolique des 100 000 € le kilogramme, le 10 septembre.

A-t-il aujourd'hui crevé ce plafond ? Sans aucun doute, même si l'or aime jouer à cache-cache et se jouer des prévisions, venant même des économistes les plus aguerris. Mais il y a fort à parier que les incertitudes internationales actuelles vont alimenter son prix au cours des prochains mois.

Le métal jaune si précieux aux yeux des hommes n'est pas près de perdre de son éclat dans les décennies, voire les siècles à venir. Valeur refuge par excellence pour les investisseurs ou objet de transmission pour les familles qui font ainsi perdurer leurs souvenirs à travers des bijoux à forte valeur sentimentale, l'or a toujours brillé de mille feux au cours de l'Histoire.

Il méritait bien de lui consacrer un ouvrage pour le mettre en valeur : anecdotes, petites ou grandes histoires, ces *50 histoires qui valent de l'or* ont avant tout pour but de distraire le lecteur et de l'informer de manière ludique. Bonne lecture. En espérant que ces histoires vous transporteront dans de plaisants voyages, brillants comme autant d'éclats d'or.

Patrice Castelli

DES RECORDS QUI VALENT DE L'OR

1. « Welcome Stranger » : découvrez la plus grosse pépite au monde

Deux travailleurs des mines, jusqu'ici parfaitement inconnus, vont connaître une gloire tout aussi étonnante qu'éphémère. Les Britanniques John Deason et Richard Oats ne s'attendaient pas à faire une telle découverte en ce jour du 5 février 1869 dans le sud de l'Australie. Ces deux orpailleurs partis à la recherche de pépites d'or vont voir leurs vies être bouleversées à jamais. Tout commence de manière banale ; un jour qui semblait tout à fait ordinaire. Près de la ville de Dunolly, au nord-ouest de Melbourne, ils aperçoivent une lueur bizarre près de l'écorce d'un arbre. De nature plutôt curieuse, les deux hommes s'approchent et tombent sur une jolie pierre affleurant à l'air libre. Ils décident alors de dégager l'endroit pour mieux voir cette curieuse pierre, dont il n'a fallu creuser que 3 centimètres tout autour pour la mettre à jour. John et Richard tombent alors nez à nez avec une immense pépite d'or. De celles que tout explorateur rêve de trouver un jour. Une découverte qui va alors dépasser toutes leurs espérances.

Cette roche alluviale composée d'argile, de limon, de sable et de gravier s'est finalement avérée si grosse à déterrer qu'ils ont dû s'y reprendre à maintes reprises pour la sortir de terre, tout en veillant à ne pas l'abîmer. Peine perdue. Une fois déterrée, elle était si imposante qu'ils n'ont pas pu la peser pour savoir combien d'or elle contenait. Impossible en l'état de la poser sur une balance traditionnelle. C'est alors que la décision fut prise de casser en trois morceaux distincts « Welcome Stranger » (« Bienvenue, étranger », son surnom), qui aura malheureusement eu une existence de courte durée. Les deux orpailleurs n'ont trouvé que ce moyen pour l'évaluer correctement.

Maigre consolation : l'enclume ayant servi à la casser est toujours exposée dans la ville de Dunolly de nos jours.

Finalement, « Welcome Stranger » a révélé des mensurations plus que généreuses : 72 kilogrammes, pour 61 centimètres de large et 31 centimètres de long. Les deux compères sont alors allés apporter leur fabuleuse découverte à la London Chartered Bank of Australia, l'institution officielle locale, afin d'échanger tout cet or contre de l'argent. Mais en fin de compte, John et Richard n'en ont obtenu que 9 381 livres sterling de l'époque, soit 10 835 € aujourd'hui. « Welcome Stranger » aura finalement connu une triste fin et a été fondue dans l'anonymat le plus total pour des raisons pratiques. Aujourd'hui, la vente d'une telle pépite rapporterait au moins 2,3 millions de livres sterling à celui ou celle qui la découvrirait, soit 2,65 millions d'euros ! Maigre consolation : cette formidable découverte a eu un retentissement planétaire et a provoqué un engouement mondial pour la ruée vers l'or australien. Elle a ravivé l'espoir de nombreux orpailleurs et sa légende continue de fasciner encore aujourd'hui les passionnés d'orpaillage.

2. 85 milliards de dollars : où se trouve le plus grand gisement sur terre ?

C'est une découverte extraordinaire qui va changer l'histoire d'un pays. Le plus grand gisement en or au monde a été mis à jour récemment. Et c'est depuis la Chine, plus précisément dans la province de Hunan, à l'intérieur du pays, que la nouvelle s'est répandue à travers le monde. Le bureau géologique local a confirmé un potentiel de près de 1 000 tonnes à exploiter sous ces terres. Une nouvelle presque impensable qui a fait frémir le marché de l'or, car cette colossale quantité à extraire se cache dans des veines aurifères atteignant 2 à 3 kilomètres de long ! La médiatisation de la découverte de ce champ, précisément situé à Wangu, a fait grand bruit à la fin de l'année 2024. Il pourrait satisfaire une partie de l'insatiable appétit de la Chine pour le précieux métal jaune.

Dans un premier temps, quarante filons contenant au total environ 330 tonnes d'or ont été mis au jour par les explorateurs chinois, qui ont pénétré jusqu'à 2 000 mètres de profondeur. Ici, la richesse du sol est exceptionnelle. Avec un taux de concentration d'or dix-sept fois plus important qu'un taux jugé de « haute qualité » par les normes internationales, soit 8 grammes par tonne. L'expert chinois Chen Rulin a même déclaré que l'on peut voir de l'or à l'œil nu à Wangu sur plusieurs échantillons.

Cette découverte extraordinaire vient renforcer la Chine dans son rôle de leader mondial de l'or. En moyenne, elle en extrait déjà plus de 370 tonnes par an. Mais pas suffisamment pour satisfaire la demande intérieure, alors que le pays a « consommé » près de 741 tonnes au cours des seuls trois premiers trimestres de l'année 2024. Cependant, si les prévisions des géologues chinois sont bonnes, cet immense champ aurifère pourrait significativement faire baisser la dépendance de la Chine aux importations. Une bouffée d'oxygène bienvenue pour le pays, alors que l'or enchaîne les hausses historiques. Il se négocie autour des 3 000 $ l'once en ce milieu d'année 2025, soit un bond de plus de 33 % en un an.

Dans un contexte de tensions internationales, cette découverte majeure pour Pékin pourrait lui permettre d'avoir une opportunité stratégique unique et d'utiliser cet or comme levier économique et diplomatique, mais aussi environnemental dans un contexte de pénurie mondiale.

3. Quels sont les plus vieux objets en or découverts dans le monde ?

Au bord de la mer Noire, dans la ville de Varna, à l'est de la Bulgarie, une fabuleuse découverte a été mise au jour. Un ensemble de sépultures contenant les plus anciens objets en or jamais vus sur la planète. Ils dateraient de 4600 à 4200 ans av. J.-C.

Ce sont donc des vestiges datant de l'âge préhistorique, notamment des périodes néolithiques et chalcolithiques, qui ont été remontés à la surface, couvrant près de 3 500 m^2. Cette incroyable trouvaille a été faite par hasard en 1972, lors de travaux d'excavation pour la pose de câbles téléphoniques dans la zone industrielle ouest de Varna. Près de deux cent quatre-vingt-seize tombes ont ainsi été explorées. Elles contenaient de nombreuses pièces précieuses en or : bracelets, diadèmes, parures raffinées, ceintures, monnaie, armes, outils... Une découverte absolument majeure dans l'histoire de l'archéologie. Ces précieux témoins du passé étaient tous enterrés à une profondeur de 1,40 mètre seulement. Leur pureté remarquable de presque 24 carats fait de ces bibelots au métal presque pur des témoignages historiques précieux. On y a aussi trouvé des bracelets massifs de plus de 200 grammes, des diadèmes, des sceptres, des parures... En tout, ce ne sont pas moins de trois mille reliques qui ont été répertoriées pour plus de 6,5 kilogrammes d'or.

Autant de richesses découvertes dans certaines tombes sont des indices permettant d'affirmer que ces individus enterrés ici devaient détenir des pouvoirs politiques ou commerciaux de premier ordre. Sur le total en or découvert, 5 kilogrammes ont été retrouvés dans trois tombes et quarante-trois objets uniquement dans la tombe du souverain. On a même mis la main sur un sceptre de 1,5 kilogrammes d'or, ce qui prouve que la civilisation Varna était très hiérarchisée et sûrement inégalitaire. Cependant, d'après ces précieuses traces du passé, ses habitants paraissaient mieux développés par rapport au reste de l'Europe, car ils maîtrisaient le travail de métaux, comme l'or ou le cuivre. Alors que d'autres cultures alentour étaient encore en phase de néolithisation.

Dans la ville de Varna, ils utilisaient également le troc, comme le prouve la présence de parures en coquillages sur le site archéologique. Sur l'ensemble des squelettes retrouvés dans les tombes, quatre-vingt-dix-neuf étaient dans une position étirée. Soixante-sept étaient dans une position recroquevillée ; sûrement des femmes et des enfants enterrés comme cela, la position droite étant réservée aux hommes. Il se peut que cette culture ait disparu au fil des ans, détruite par une catastrophe naturelle ou assimilée par d'autres peuples au cours de l'Histoire.

4. On a enfin transformé le plomb en or

Alice l'a fait. Non, ce n'est pas le prénom d'une chercheuse émérite ou d'une alchimiste chevronnée, mais tout simplement le nom d'un groupement de physiciens réunis autour d'un projet commun à Genève, plus précisément au CERN (Organisation européenne pour la recherche nucléaire) en Suisse. Et leur découverte est totalement révolutionnaire.

Grâce à l'accélérateur de particules le plus puissant au monde, le Large Hadron Collider ou LHC, ils ont réalisé le rêve de nombre d'alchimistes dans l'Histoire : transformer le plomb en or. Tout cela, en réalisant des collisions à très haute énergie entre l'ion et le plomb. Dans leur jargon, le miracle a eu lieu en réalisant un « presque contact » entre deux noyaux d'atomes, obtenu à une vitesse proche de celle de la lumière. Ce qui a permis de créer la matière or, avec des phénomènes non attendus par les scientifiques helvètes. Un atome de plomb a ainsi perdu trois protons et est devenu brièvement un atome d'or.

Cette dissociation électromagnétique est donc aujourd'hui documentée au sein du projet Alice, mais si l'on voulait s'enrichir avec cette technique de pointe, le chemin est encore long. Ce phénomène, observé et répété de nombreuses fois entre 2015 et 2018 dans le LHC, n'a généré que 29 picogrammes d'or. Autant dire une quantité infinitésimale qu'il faudrait ainsi répéter pendant plus d'un milliard d'années pour espérer obtenir un seul gramme d'or. Car la majorité de la matière produite par ce phénomène se désintègre immédiatement en heurtant les parois de l'accélérateur.

On a ainsi aujourd'hui réalisé le rêve de nombre d'alchimistes des temps médiévaux, mais dans des quantités microscopiques et non exploitables.

Reste que les scientifiques de Genève ont obtenu là une avancée majeure pour la physique nucléaire. Ils ont ainsi pu observer en détail ces diverses réactions et ajuster leurs modèles théoriques. Et ainsi mieux comprendre les pertes d'énergie à venir dans les futurs accélérateurs de particules, afin de les optimiser au mieux. Ces minuscules quantités d'or produites en laboratoire dans de l'infiniment petit permettent de mieux comprendre les interactions fondamentales de la matière. Et ainsi lever un peu plus le voile sur les lois de l'univers.

5. À la découverte des plus célèbres pépites d'or

Ce sont les plus grosses pépites en or découvertes sur terre. Célèbres, elles ont marqué l'histoire de la prospection. C'est en Australie que l'on a trouvé les spécimens les plus imposants. Voici leurs histoires.

• La « Welcome Stranger »

Avec 72 kg d'or pur et une découverte qui remonte à 1869 en Australie, vous avez la fameuse « Welcome stranger » ; la plus grosse pépite en or jamais découverte sur le globe. Si grosse qu'il a fallu la casser sur une enclume pour la peser en trois gros morceaux (voir chapitre 1).

• La « Holtermann Nugget »

Ce n'est techniquement pas une pépite d'or, mais plutôt une plaque de quartz qui contient quantité de métal précieux. Elle a aussi été sortie de terre en Australie, mais en 1872, et avec plus de 90 kg d'or à l'intérieur. Elle a fait la une des journaux du monde entier.

• La « Little Hero Nugget »

Cette pierre aussi est légendaire, mais plus par son histoire que par sa valeur. Elle a en effet été retrouvée par un jeune garçon – toujours en Australie – ce qui a participé à sa légende.

• La « Canaã 5 »

Avec un poids de 18,3 kg, elle vaut effectivement son pesant d'or. C'est au début des années 1980, à Serra Pelada au Brésil, que sa découverte a marqué l'histoire. À l'époque, c'était la cinquième plus grosse pépite découverte au monde. Et ce, en pleine période de ruée vers l'or au Brésil. Elle est aujourd'hui exposée au musée de la monnaie à Brasilia.

• La « Canadian 2 »

Elle figure dans le top 3 des plus grosses pépites. Elle a été découverte lors de la ruée vers l'or australien (1851 à 1869). Avec un poids de 34,7 kg, elle a été mise au jour en janvier 1863 à Canadian Gully dans l'État du Ballarat, au sud-est du pays.

• La « Golden Eagle »

Nommée ainsi en raison de sa ressemblance avec l'aigle royal américain, elle a été déterrée en janvier 1931 par le jeune Jim Larcombe à Larkinville, en Australie-Occidentale. Elle fait la une des journaux nationaux avec ses 32,2 kilogrammes et a été finalement acquise par le gouvernement d'État local.

• La « RNC Minerals »

Les mineurs de la compagnie RNC Minerals sont tombés nez à nez avec ce spécimen impressionnant de près de 95 kilogrammes. Elle a été découverte en septembre 2018 dans la mine de Beta Hunt, en Australie-Occidentale. Elle renfermerait près de 68 kilogrammes d'or pur et son estimation, à l'époque, était évaluée à 3 millions de dollars.

6. Dave s'attendait à trouver de l'or ; sa découverte vaut plusieurs millions

Cet Australien ne s'attendait pas à ce que sa routine habituelle le conduise à une découverte aussi extraordinaire. Habitué à explorer les vastes plaines de son pays à la recherche d'or, plus particulièrement les étendues sauvages du parc régional de Maryborough, Dave Hole, armé d'un simple détecteur de métaux et d'un marteau, met au jour un rocher rougeâtre étonnant. Après pesée, on constate qu'il est constitué d'une masse de près de 18 kilogrammes. *Bonne affaire*, pense le chercheur amateur, convaincu d'avoir mis la main sur une immense pépite d'or. Dave décide alors de la casser afin de savoir ce qui se cache à l'intérieur, mais la pierre résiste à tout : scie à roche, meuleuse d'angle, perçage, immersion dans l'acide... impossible de la briser. Résigné, l'orpailleur amateur entrepose l'étrange roche dans un coin de sa maison et semble presque l'oublier pendant plusieurs années.

Un jour, Dave décide enfin de réaliser une expertise scientifique sur son étonnante trouvaille, afin d'avoir le cœur net sur ce qu'elle pourrait bien contenir. Les géologues Dermot Henry et Bill Birch, du musée national de Melbourne, vont se charger de l'expertise. C'est alors que le mystère va être dévoilé au grand jour. Le rocher est une météorite ; un objet extraterrestre très rare.

Les caractéristiques de cette pierre spatiale, une chondrite ordinaire HS, ont nécessité des analyses poussées de la part des deux scientifiques. Ces roches sont réputées pour être généralement d'un âge avancé, certaines remontant même à la naissance du système solaire, soit environ 4,6 milliards d'années avant notre ère. Avec une structure commune particulière, très sculptée et bosselé, ces météorites témoignent d'un violent passage à travers l'atmosphère terrestre, marquant profondément leur surface.

Selon les constatations effectuées par Dermot et Bill, la pierre de Dave a sûrement dû suivre une trajectoire entre Mars et Jupiter, avant de tomber sur Terre en subissant des collisions cosmiques spectaculaires. En fin de compte, Dave n'a pas perdu au change en découvrant la vraie nature de sa grosse pierre. Cette « météorite de Maryborough » est devenue une icône locale et l'objet de nombreuses études pour les scientifiques. Elle a aussi une belle valeur marchande. Les météorites martiennes de type shergottites ont un prix de vente estimé autour de 200 € le gramme. Ce qui donne à la précieuse roche de Dave une valeur approximative de 3,6 millions d'euros. Il a donc eu une très bonne idée en faisant expertiser son imposante pierre après tant d'années.

7. Multipliant les différents conflits dans le monde, l'or vaut maintenant plus cher que la cocaïne

En cette rentrée 2025, l'or a encore vu sa cote crever tous les plafonds jusqu'ici atteints et il a même battu son propre record le mardi 2 septembre 2025. Le cours du métal précieux a franchi la barre des 3 500 $ (2 977 €) l'once de 31,10 grammes. Du jamais vu (voir chapitre 10). Le prix de l'or n'a jamais été aussi élevé ; un chiffre qui n'a pas échappé à l'œil des narcotrafiquants d'Amérique du Sud, car maintenant, l'or vaut plus cher que la cocaïne. Et ce n'est pas pour autant qu'il va devenir vertueux.

Les exemples d'orpaillages illégaux sont nombreux. Le journal *The Economist* nous apprend qu'au Pérou, 44 % des exportations d'or proviendraient désormais de mines clandestines, contre 20 % il y a dix ans. Au Brésil, une bascule historique a eu lieu avec le trafic d'or illégal qui génère désormais plus d'argent (3 milliards de dollars) que le narcotrafic et ses 2,5 milliards de dollars. Et, dorénavant, pour les deux matières, ce sont les mêmes circuits de blanchiment qui sont utilisés.

Cela entraîne des conflits de plus en plus violents au niveau local, qui se multiplient au fil du temps. Toujours au Pérou, dans la province de Pataz, treize gardes miniers ont été exécutés à cause de différends liés à l'or. Ce qui porte le bilan à trente-neuf morts dans le pays en trois ans. En Colombie, dans la plus grande mine du pays, à Buriticá, le « clan des Golfes » a volé pour pas moins de 200 millions de dollars du précieux minerai jaune. Et ces exemples se multiplient autour du globe.

Les autorités officielles des États latino-américains doivent désormais lutter sur deux fronts : celui des cartels de la drogue d'un côté et celui des activités d'extractions illégales d'or de l'autre. En

Amazonie, notamment, la forêt a payé un lourd tribut à cet orpaillage illégal. La déforestation a doublé depuis 2018 et les fleuves sont durablement pollués au mercure ; un produit indispensable pour extraire l'or (voir chapitre 22).

La corruption, les détournements pour sortir des voies officielles et le manque de moyens pour lutter contre l'or illégal gangrènent maintenant de nombreux pays d'Amérique latine. À Lima, au Pérou, on a bien essayé d'endiguer le phénomène, avec la mise en place d'un registre officiel pour tracer les réseaux de l'or, mais seulement 2,3 % des mineurs ont demandé et obtenu une licence officielle d'exploitation. Trop peu. Les gangs locaux se sont alors servis de ce fichier comme couverture en dérobant ou en falsifiant ces documents. Pour les experts, seule une refonte profonde du secteur minier viendrait à bout de tous ces trafics, associant traçabilité, régulation et alternatives économiques. Autant dire que ce n'est pas pour demain.

8. L'or va-t-il enfin devenir numérique ?

Les cryptomonnaies et autres *stablecoins* n'ont qu'à bien se tenir. Face à cette féroce concurrence numérique, l'or prépare sa riposte. Le World Gold Council (WGC) fourbit ses armes à Londres pour créer un or numérique et attractif au cours des prochains mois. Le projet prend forme en cette rentrée 2025, sous l'impulsion des principaux groupes aurifères. Il s'agit de transformer le marché de l'or physique coté au marché londonien et évalué à 900 milliards de dollars en unités numériques.

C'est-à-dire offrir une nouvelle réglementation et de nouvelles méthodes de négociation pour les lingots. Ces nouveaux process permettraient de « transmettre l'or numériquement dans l'écosystème de l'or, en tant que garantie, pour la première fois », a expliqué David Tait, directeur général du World Gold Council (WGC), au *Financial Times.* Une perspective qui pourrait ouvrir de nouveaux marchés à l'or, alors que celui-ci est précisément apprécié pour sa valeur physique et son absence de risques lors de son achat.

Et le spécialiste de préciser : « Nous essayons de standardiser cette couche numérique de l'or, afin que les différents produits financiers utilisés sur d'autres marchés puissent être, à l'avenir, utilisés sur le marché de l'or. » Ce qui constituerait un changement historique pour ce métal, traditionnellement investi comme un actif non productif.

Numérisé, il pourrait servir de garantie et bénéficier d'appels de marge (investissements avec levier), générant ainsi des revenus à ses futurs détenteurs. Concrètement, les investisseurs intéressés achèteraient des unités numériques, des *pooled gold interests* (PGI), pouvant ainsi réaliser des transactions de parts d'or fractionnées et détenues sur des comptes distincts. Ce projet va voir le jour alors que déjà, en janvier 2025, une base de données blockchain (partagée avec tous les utilisateurs) a été lancée pour les raffineries et les lingots d'or. Mais avec un succès mitigé.

Pour savoir si le succès sera au rendez-vous de ces nouveaux PGI, il faudra attendre le premier trimestre de l'année 2026. Les acteurs commerciaux interviendront alors en premier, avant d'envisager un déploiement plus large. Une plongée dans l'inconnu, car jusqu'ici, les tentatives de numérisation de l'or, comme le Tether Gold ou la Pax Gold, ont donné des résultats inférieurs aux fonds adossés à l'or en Bourse.

9. Hawaï et ses fabuleux volcans cracheurs d'or

Les petites îles volcaniques d'Hawaï, isolées au cœur du Pacifique nord, contiendraient bien plus d'or que n'importe quel autre endroit sur terre, selon un groupe de chercheurs allemands. Problème : enfoui sous des milliers de kilomètres de roche, ce filon reste peu accessible et inexploitable en l'état actuel des recherches, mais un espoir existe. Il faut savoir que, sous nos pieds, d'immenses quantités d'or « dorment » paisiblement sans que nous en connaissions ni la quantité ni la localisation précise. Mais les petites îles d'Hawaï pourraient bien changer les choses. Cet archipel paradisiaque et ses six îles ont attiré la curiosité des chercheurs en géochimie de l'université de Göttingen, en Allemagne, qui ne s'attendaient pas à faire une aussi fabuleuse découverte. Ces scientifiques ont détecté un « signal 100Ru » très élevé, démontrant la présence de ruthénium en quantité inhabituelle entre le noyau et le manteau de la Terre. Ce métal rare sur terre est un indicateur fiable de la présence d'or pour les chercheurs. Et à Hawaï, le signal montre une lente, mais réelle fuite depuis le noyau terrestre, que l'on retrouve dans diverses coulées de lave de ce côté-ci du Pacifique.

Un phénomène très isolé qui a attiré toute l'attention des géologues allemands, car 99,9 % des réserves d'or sur terre sont recouvertes par près 3 000 km de roche. Un trésor profondément enfoui et solidement piégé, difficile à remonter à la surface terrestre. Mais cette enveloppe rocheuse, qui sert de protection à ces formidables réserves, n'est peut-être pas aussi étanche qu'on le pensait jusqu'à présent. Tout ce ruthénium détecté à Hawaï pourrait provenir du noyau terrestre où le « 100Ru » (isotope du ruthénium) se trouve en abondance. C'est en compilant plusieurs indices que les chercheurs allemands sont parvenus à cette conclusion : « Dès les premiers résultats, nous avons compris que nous avions littéralement trouvé une mine d'or ! »

s'enthousiasme le docteur Nils Messling, responsable des recherches, dans un communiqué.

De belles perspectives d'exploration semblent ainsi s'ouvrir. Le professeur Matthias Willbold, coauteur de l'étude, souligne que « non seulement le noyau terrestre n'est pas aussi isolé qu'on le pensait auparavant, mais d'énormes volumes de matériaux mantelliques surchauffés – plusieurs centaines de millions de milliards de tonnes de roches – naissent à la frontière noyau-manteau terrestre et remontent à la surface de la Terre pour former des îles océaniques comme Hawaï. » Une découverte pleine de promesses pour ce fragment chimique remonté lentement à la surface et formé très tôt dans l'histoire de la Terre ; un temps datant d'avant la séparation complète entre le noyau et le manteau.

10. Quand l'or a battu son propre record et dépassé les 100 000 €

Un nouveau record : l'or a atteint un sommet historique ce mardi 9 septembre 2025 à 15 h 41 exactement, coté à 100 365 € le kilogrammes. Une première historique. Ce qui consacre l'or comme valeur refuge de référence et lui permet même de dépasser le bitcoin en performance sur la période. Le métal jaune a battu sa meilleure performance qui datait d'avril 2025. Ce qui donne un joli score de + 37,18 % sur un an et même + 88,57 % sur cinq ans. Des records qui s'enchaînent et ont encore été battus en cette fin 2025. Comment expliquer de tels sommets ?

Les banques centrales procèdent actuellement à des achats massifs, en vue de réduire leur exposition au dollar. Ceci est une conséquence des tensions commerciales qui se multiplient autour du globe, notamment avec les mesures internationales prises par le président américain Donald Trump et les sanctions à l'encontre de la Russie. Ce qui pousse les investisseurs à se tourner vers des valeurs de refuge ; un rôle que l'or remplit parfaitement.

À cela, il faut ajouter un climat politique peu favorable à la Fed (Réserve fédérale américaine), dont l'indépendance est remise en question, Trump ayant récemment déclaré vouloir « obtenir très bientôt la majorité » à la Fed et appelé à de nouvelles diminution des taux pour stimuler l'économie globale. Les investisseurs ont ainsi anticipé une baisse allant jusqu'à vingt-cinq points.

Du côté de l'économie américaine, une inflation persistante dans le pays, comme dans de nombreux autres endroits autour du globe, a des répercussions sur les investissements traditionnels devenus moins attractifs. Le métal jaune peut alors servir de couverture contre ces variations si on en possède dans son portefeuille. De plus, l'or d'investissement se négocie en pièces et en lingots de différentes tailles et poids, ce qui le rend accessible à la plupart des financiers ou épargnants autour du globe.

Des experts du secteur, comme JP Morgan, parient même que l'once d'or (31,10 grammes) pourrait atteindre les 6 000 $ d'ici 2029 ! Soit un prix quasiment doublé par rapport à la cotation actuelle. Il suffirait pour cela qu'une infime partie des investissements mondiaux qui sont focalisés sur les États-Unis soient réorientés vers l'or pour faire flamber davantage sa cotation.

Face à des marchés financiers fluctuants, des monnaies dont le change varie trop souvent et une inflation qui ronge le pouvoir d'achat, l'or ne perd pratiquement pas de sa valeur, quels que soient les événements. Même si ses prix montent, les acheteurs sont là, car ils voient dans l'or une protection où placer leur argent et un moyen de conserver leur patrimoine durant les différentes tempêtes.

ON FAIT LES PRÉSENTATIONS

11. Une brève histoire de l'or

Faisons ici un petit tour sur ce qui singularise si bien ce métal précieux et si noble pour les humains. Caractérisé par sa couleur jaune brillant, dense, ductile (mou) et facile à travailler, l'or est apprécié depuis des siècles pour son éclat quand il est poli. Rare sur terre et très recherché, l'or est moins réactif que la plupart des autres métaux, c'est-à-dire qu'il résiste facilement à diverses attaques acides. Comme le plomb, il se dissout dans le mercure en formant un amalgame, mais ne réagit pas à ce métal.

Son nom vient du latin *aurum*, qui a donné l'adjectif aurifère. Il est considéré historiquement comme le métal précieux par excellence. Noble, il est peu soumis à la corrosion et à l'oxydation. C'est en Égypte et au Moyen-Orient qu'on l'utilise en premier comme monnaie d'échange. En Europe, il faut attendre le IIIe millénaire av. J.-C. pour le voir fortement circuler, avec les premières tombes composées d'orfèvreries ouvragées et minutieusement travaillées dans de nombreux détails.

Plus près de nous, la conquête du Nouveau Monde (Amérique) a aussi été une vaste aventure pour la recherche d'or, plus connue sous le nom d'« Eldorado ». Aujourd'hui, malgré l'abandon de l'étalon-or dans les années 1870, les accords de Bretton Woods de 1944 ont mis en place un taux de change (Gold Exchange Standard) qui confère encore à l'or son rôle incontournable sur la planète. Le dollar est ainsi défini selon un certain poids en or et les autres monnaies du monde sont pour la plupart cotées avec la monnaie américaine pour les échanges mondiaux.

En 1971, les États-Unis suspendent la convertibilité du dollar en or et en 1976, les accords de la Jamaïque entre les pays du FMI (Fonds monétaire international) démonétisent l'or, en mettant en place un système des taux de change flottants. L'or reste cependant abondant dans les principales réserves des banques centrales, comme un bas de laine précieusement gardé. Le FMI évalue à 34 000 tonnes d'or dans le monde les réserves de ces banques et institutions financières. La Réserve fédérale américaine en détient le plus : un quart des réserves mondiales, soit 8 133 tonnes. Le top 5 des pays les plus détenteurs est complété par l'Allemagne, l'Italie, la France, la Russie et la Chine.

Aujourd'hui, l'or conserve un rôle économique de premier plan. Il est coté à New York, Londres et Tokyo. Très recherché à travers la planète pour produire diverses pièces, médailles et autres trophées, l'or a toujours eu une forte dimension artistique. L'industrie, elle, l'apprécie aussi grandement pour sa résistance face à la corrosion et son excellente conductivité électrique. Les secteurs de l'odontologie et de l'électronique en sont particulièrement friands.

12. Les tremblements de terre à l'origine des plus belles pépites

C'est une découverte scientifique assez récente et très déroutante. Dans la revue britannique, *Nature Geoscience*, des chercheurs ont attribué la formation des pépites d'or à l'électricité générée par les tremblements de terre. Comment expliquer un tel phénomène ? Lors du processus de formation de l'or, le quartz est secoué et écrasé. Il génère alors un phénomène dit « piézoélectrique ». Celui-ci précipite les pépites d'or à mesure que les fluides refroidissent. Les pépites subissent ensuite de nombreuses modifications chimiques avant de venir se piéger dans les veines de quartz. Ensuite, les particules ainsi formées remontent à la surface, sous l'impulsion de processus géologiques longs. Il faut, pour cela, attendre l'érosion naturelle des sols et des roches ou des mouvements tectoniques conséquents.

L'auteur principal de l'étude, Christopher Voisey, géologue à l'université de Monash en Australie, explique : « Si vous secouez du quartz, il génère de l'électricité. Lorsqu'il génère de l'électricité, il produit de l'or. » Le scientifique précise aussi que les veines de quartz sous terre renferment un nombre disproportionné de pépites d'or, car elles sont dans un environnement favorable à subir de nombreux mouvements de la Terre.

Ainsi, chaque année, ce sont près de 3 000 tonnes d'or qui sont extraites dans le monde, la plupart provenant de filons de quartz. Mais ce processus de transformation physique n'explique pas tout. Si l'or apparaissait uniquement par ce procédé hydrothermal, il faudrait cinq piscines olympiques remplies de fluide pour former seulement 10 kilogrammes d'or. Il y a donc une autre explication à ce phénomène.

Comme vu ci-dessus, pour obtenir des pépites de plusieurs kilos, il faut attendre un tremblement de terre conséquent, produisant une charge électrique suffisamment importante pour qu'elle s'accumule dans la roche. Et cela tombe bien, le quartz est parmi les matériaux les plus piézoélectriques que l'on puisse trouver sur terre.

Ces mouvements générés produisent de fortes contraintes mécaniques et une importante charge électrique. Phénomène qui non seulement produit de l'or, mais peut être à l'origine des « lumières sismiques » ; d'étranges lueurs que l'on peut voir dans le ciel lorsqu'un séisme s'est déclenché dans le périmètre alentour. Les chercheurs ont réuni des preuves et donc conclu que ce phénomène singulier pourrait être à l'origine de la formation d'immenses gisements et même de pépites d'or géantes.

13. Combien y a-t-il de types d'or dans le monde ?

Vous l'avez constaté en jetant un coup d'œil avisé en bijouterie, il existe différentes couleurs d'or derrière les vitrines de vente sécurisées. D'où viennent ces différences ? Pour les comprendre, levons les yeux au ciel et remontons jusqu'aux temps cosmiques, soit 4 milliards d'années en arrière. À l'époque où plusieurs théories scientifiques se font concurrence. Une théorie communément admise décrit une explosion cosmique et la collision d'étoiles dans l'espace pour expliquer la formation de l'or dans le noyau de la Terre. Extrait naturellement, l'or est alors de couleur jaune. C'est ce que l'on appelle l'or pur, non mélangé.

Mais dans le secteur de la bijouterie, il est de tradition de mélanger l'or à d'autres métaux. On parle alors d'alliage. L'or pur a plutôt tendance à se déformer avec le temps. C'est pour cela qu'on le mélange à d'autres métaux pour le renforcer, afin d'obtenir des bijoux résistants à l'usure pendant plusieurs années. En joaillerie, on trouve principalement l'or jaune, le blanc, le rose et même parfois l'or gris.

Voici leurs différentes compositions :

- **Or jaune :** 75 % d'or, 12,5 % d'argent et 12,5 % de cuivre.
- **Or rose :** 75 % d'or, 20 % de cuivre et 5 % d'argent.
- **Or gris :** 75 % d'or, 15 % d'argent minimum et parfois du palladium pour compléter.
- **Or blanc :** il est généralement utilisé lorsque l'on parle d'or gris.

Avant, on pouvait trouver du nickel dans la composition de l'or blanc, mais aujourd'hui, il est plutôt couvert d'une fine couche de rhodium. Une opération que l'on doit renouveler dans le temps, car il a tendance à disparaître. La couleur ne détermine pas significativement la valeur de l'objet. Il faut plutôt se référer au nombre de carats, c'est-à-dire la quantité d'or pur présente. Si votre bijou est un 18 carats, alors, il contient 75 % d'or. Ce qui est suffisant, car les joailliers ne travaillent pas le 24 carats, jugé trop mou et n'offrant pas assez de résistance dans le temps. Dans tous les cas, ce nombre va établir la valeur commerciale du bijou choisi. On le voit, que ce soit blanc, rose ou gris, tout est avant tout une affaire de goût. Mais il vaut mieux miser sur du 18 voire du 24 carats pour un investissement de valeur et durable dans le temps.

14. Le nombre d'or : nombre magique

Il fascine depuis des siècles. Synonyme de beauté et d'harmonie, il a été source d'inspiration pour de nombreux artistes et scientifiques. Mais d'où vient ce fameux nombre d'or que l'on retrouve dans plusieurs structures du monde physique, notamment pour des critères de beauté et d'harmonie ?

Pour certains, cette inspiration se trouverait dans un coquillage, dans des cristaux de roche ou encore dans les pétales d'une fleur. Ce serait une proportion divine et magique qui apporterait harmonie et beauté partout où il serait utilisé. Il aurait été utilisé dans l'architecture des pyramides d'Égypte, dès 2500 ans av. J.-C., ou encore dans la peinture des dessins de Léonard de Vinci, notamment le fameux dessin de *L'Homme de Vitruve*. On retrouve aussi le nombre d'or dans la façade du Parthénon à Athènes, érigé il y a près de 2 400 ans, dans l'architecture de Notre-Dame de Paris ou encore dans celle du Taj Mahal en Inde. C'est en 1509, avec la publication de *De divina proportione*, du mathématicien italien Luca Pacioli, que le nombre d'or va devenir célèbre chez les mathématiciens et artistes du monde entier. Les illustrations de Léonard de Vinci (1452-1519) vont finir par asseoir sa notoriété.

Pour être plus prosaïque, on pourrait dire que le nombre d'or est un rapport entre deux nombres, égal à environ 1,618, comme l'a théorisé Leonardo Fibonacci (voir chapitre 15). Mais cette théorie revêt avant tout une grande part d'imagination.

Les passionnés de musique voient le nombre d'or un peu partout, comme dans la musique de Bach, par exemple. Claude Debussy a aussi été marqué par le nombre d'or, que l'on retrouve dans la structure des morceaux de ses œuvres. C'est aussi le cas pour Béla Bartók, compositeur hongrois, qui aurait placé le nombre d'or au moment où il émeut le plus le public dans ses compositions.

Musique et mathématiques sont ainsi très liés. Le compositeur grec Iannis Xenakis était aussi fasciné par le nombre d'or. Il est l'un des seuls à avoir admis publiquement l'utiliser dans ses œuvres. Finalement, si on peut douter de sa présence dans de nombreux cas, le nombre d'or a le don de nous faire rêver en créant des ponts entre les sciences, l'art et l'univers qui nous entoure.

15. Un nom à retenir : Leonardo Fibonacci, découvreur du nombre d'or

De son vrai nom Leonardus Pisanus, Leonardo Fibonacci est né à Pise en 1170, à une époque où les marchands réalisent des transactions en notant leurs prix et autres calculs en chiffres romains. Un processus long et fastidieux qui leur demande du temps et de la concentration. Après avoir suivi des études au Maghreb central (Algérie actuelle), Léonard de Pise profite des signatures de traités de paix entre les cités italiennes et les pouvoirs musulmans locaux pour pouvoir ouvrir plusieurs comptoirs commerciaux. Il y parfait sa connaissance des mathématiques, d'autant plus que le père de Leonardo est chargé de collecter les taxes des marchandises. Une tâche parfois fastidieuse et lente. On utilise par exemple le V pour le 5 et le X pour le 10. Leonardo, à travers ses voyages en Syrie, en Sicile, en Provence et en Grèce, notamment, rencontre les plus grands mathématiciens locaux. Il identifie tout ce désordre dans les tenues de comptes et veut y mettre de la simplicité.

Il découvre alors un chiffre mathématique inconnu des Occidentaux : le zéro. Un chiffre conceptualisé par Brahmagupta, mathématicien hindou : « Le zéro, c'est la soustraction d'un nombre par lui-même. Ce n'est pas un espace vacant, c'est un concept en soi. »

Dès lors, de nouveaux horizons s'ouvrent pour le jeune Fibonacci, qui va partir à la recherche de maîtres en mathématiques. De retour à Pise, il est convaincu que le zéro va résoudre les problèmes des calculs des marchands au quotidien. Par chance, il sera soutenu par les notables locaux. Mais c'est en conceptualisant la reproduction linéaire et infinie des lapins, la célèbre suite de Fibonacci, qu'il devient célèbre.

Chaque nombre est la somme des deux qui le précèdent. Une découverte majeure.

Au cours de ses recherches, entre 1198 et 1228, dans sa cité de Pise, il découvrira que la division d'un nombre par celui qui le précède s'approche du même résultat. Soit environ 1,6. Bingo ! Ce rapport n'est autre que celui du nombre d'or, utilisé plus tard par les plus grands inventeurs, comme Léonard de Vinci qui le mettra au centre de plusieurs de ses œuvres et inventions. On le retrouve aussi dans les peintures de Dali, dans l'architecture de Le Corbusier ou encore dans la musique de Xenakis. Mais cette notion de nombre d'or demeure irrationnelle. « On ne peut pas trouver deux nombres entiers dont la fraction sera égale au nombre d'or », souligne par exemple la mathématicienne reconnue, Nathalie Ayi, au micro de Radio France.

16. Comment l'or fascine-t-il l'humanité depuis des millénaires ?

Des batailles antiques aux révolutions modernes, l'or a toujours tenu une place de choix auprès des hommes qui l'ont sans cesse plébiscité. Voici un bref résumé afin de connaître la façon dont il a façonné l'Histoire au cours des siècles.

C'est tout d'abord à l'époque de la Grèce antique (1200 à 31 av. J.-C.) que l'or brillait au plus fort par de nombreux symboles. Il était associé à l'immortalité et aux dieux de l'Olympe. Idolâtré des Grecs, il facilitait aussi les échanges commerciaux et les alliances politiques. Toutes les grandes civilisations l'ont utilisé dans ce but.

Plus tard, au cours du Moyen Âge, l'or est alors un symbole de statut social et on l'utilise pour orner couronnes et sceptres. En Asie, à travers les âges, il était souvent lié à la pureté et à l'illumination spirituelle. Plus proche de nous, dans le monde occidental moderne, son attrait ne se dément pas. Il est considéré comme un investissement sûr et durable dans un contexte mondial en perpétuelle évolution, fait de nombreuses incertitudes.

C'est aussi au cours des grands conflits de l'Histoire que l'or a joué un rôle prépondérant. Par exemple, lors des croisades (1095 à 1291), il servait à équiper les armées, mais aussi à assurer la loyauté des mercenaires. Au cours de la fameuse ruée vers l'or dans l'Ouest américain au XIXe siècle, près de trois cent mille personnes ont afflué vers la Californie et ses alentours en quête du Graal, entraînant de nombreuses tensions avec les populations autochtones. C'est notamment à partir du 22 janvier 1848 et la révélation de la découverte des premières pépites d'or qu'un engouement rarement vu va voir le continent américain être envahi d'aventuriers à la recherche d'or, au cours d'une grosse décennie.

Et de nos jours ? L'or suscite toujours autant les convoitises. Rien qu'en Chine, 455 tonnes d'or ont été extraites en 2016 (13 % de la production mondiale), dont la moitié a servi à fabriquer des bijoux. Pour les investisseurs, le métal jaune précieux a aussi continué à jouer pleinement son rôle de valeur refuge, notamment lors de la crise des subprimes de 2008 et celle du COVID-19. Il a aussi été un choix privilégié par les épargnants entre 2007 et 2012, lorsque les valeurs boursières ont été malmenées par les marchés. Aujourd'hui, face aux conflits mondiaux, l'or ne cesse de prendre de la valeur et rappelle son rôle central dans l'histoire de l'humanité, avec des records qui ne cessent d'être battus (voir chapitre 10).

17. Quand est apparue la première pièce en or ?

Pour répondre à cette question, il faut se rendre dans un royaume aujourd'hui disparu, celui de Lydie, situé dans une contrée lointaine, à l'ouest de la Turquie, entre la mer Méditerranée et la mer Noire. L'aventure de cette nouvelle monnaie métallique commence au VIe siècle av. J.-C., dans un endroit bien précis, fascinant au quotidien les habitants qui vivaient sur place : le fleuve Pactole. En effet, celui-ci ne contenait pas que de l'eau. Il brillait de mille feux, car dans ses profondeurs, il charriait des paillettes d'or et d'argent, scintillant lorsque le soleil frappait son cours. D'où l'expression « toucher le pactole », toujours utilisée de nos jours, qui signifie devenir très riche.

Ce phénomène étrange, cantonné à ce fleuve si singulier, a fini par attirer l'attention de Crésus, roi de Lydie, l'actuelle Turquie. Il a eu une idée qui va marquer l'Histoire et être révolutionnaire pour l'époque : séparer l'or et l'argent du fleuve pour produire deux types de pièces bien distinctes. C'est ainsi que la toute première pièce en or de l'Histoire a été créée. Elle a tout simplement été nommée la Créséïde, en son honneur.

La Créséïde se rapproche de nos pièces de monnaie actuelles par son apparence, mais elle a plutôt une forme ovale par son mode de fabrication. Le métal fondu était versé sur un plan de travail, créant ainsi de petites pastilles naturelles dorées. La série lourde pèse 10,76 grammes, l'autre, plus légère, affiche un poids de 8,07 grammes. La face représente un lion et un taureau qui s'affrontent dans un beau rendu naturel, tandis que le revers était frappé de deux carrés incisés. L'or et l'argent ont ainsi été raffinés à Sardes (ouest de la Turquie) à partir d'électrum brut (alliage des deux métaux) dans les ateliers de la ville.

Ces monnaies de Sardes ont été émises à partir de 550 av. J.-C., environ. Ce sont les premières vraies pièces d'or de l'histoire de l'humanité, d'une pureté standardisée, et destinées à circuler parmi la population générale. C'est aussi le premier système monétaire bimétallique au monde ayant vu le jour. Aujourd'hui, l'expression « être riche comme Crésus », qui signifie avoir beaucoup d'argent, perdure et elle est parfois utilisée dans le langage courant. Elle vient de ces temps immémoriaux.

18. Vers une pénurie plus rapide que prévu ?

C'est un chiffre inquiétant pour les amateurs d'or précieux. Dans une quinzaine d'années, on risque de manquer totalement d'or. En effet, depuis 1995, aucune découverte de grande envergure n'a été faite sur terre. Et ce n'est pas la mise au jour de quelques filons récents qui va inverser la tendance. Au Canada, la découverte d'or sous un glacier en Colombie britannique est estimée à environ 25 millions d'onces, soit 775 tonnes. En Chine aussi, une découverte encourageante recèlerait entre 13 et 20 millions $ d'or. Tout comme le fabuleux champ de Wangu et ses 1 000 tonnes d'or potentielles, mis au jour à la fin de l'année 2024 (voir chapitre 2). Mais ces quelques exemples n'inversent pas une tendance de fond, comme le constate Benjamin Louvet, gérant des matières premières chez OFI Asset Management, interrogé par Le Revenu : « Les sociétés minières aurifères n'ont fait aucune découverte de gisements d'envergure depuis 1995, en dépit de budgets d'exploration importants, et les découvertes des dernières années ont été très limitées. »

Il précise : « La production mondiale a donc vraisemblablement atteint un plateau et pourrait décliner de 25 % en 2025. Une raréfaction de l'offre de nature à soutenir le prix de l'or. » Les investisseurs peuvent donc se frotter les mains. D'autant que l'exploitation d'un nouveau site prend du temps : « Il faut compter de cinq à sept ans entre l'identification d'un gisement et l'exploitation du premier gramme d'or », souligne Laurent Schwartz interrogé par Capital. Il est directeur de la société française du Comptoir national de l'Or.

Pour cet expert, « les mines d'or seront donc probablement épuisées avant les champs de pétrole ». Car l'or noir, lui, aurait une réserve de près de cinquante ans, si l'on se réfère à la dernière étude du géant britannique, British Petroleum. Avec 1 696 milliards de barils de réserves et 33 milliards de barils de production annuelle – un ratio élevé – tout cela laisse le temps d'anticiper.

Pour en revenir à l'or « classique », le dernier rapport de l'agence géologique américaine (USGS) estime que les réserves mondiales d'or encore enfouies se situeraient autour de 54 000 tonnes. « Avec un rythme de production de 3 260 tonnes en 2018, le ratio réserves sur production est à 16,6 ! », s'alarme Laurent Schwartz. De quoi alimenter le cours de l'or durablement à la hausse.

19. Pourquoi l'or est-il toujours qualifié de « valeur refuge » ?

En dépit d'un rendement prétendument nul – car on n'obtient pas de dividendes quand on en possède –, l'or a toujours intéressé tout un panel d'investisseurs hétéroclites, particulièrement en période de crise. Notamment, au bruit des bottes et des canons. Comment l'expliquer ? Les tensions et les incertitudes au niveau mondial ne manquent pas en cette année 2025 : guerre en Ukraine, conflit entre Israël et le Hamas, tensions avec l'Iran, menaces de la Chine sur Taïwan... Un terreau particulièrement fertile pour que l'or joue à plein son rôle de « valeur refuge ». Il a même grimpé de plus de 40 % en valeur depuis l'invasion russe en Ukraine.

Et les premières à se frotter les mains sont les banques centrales. « À la sortie des accords de Bretton Woods en 1971 (fin de la convertibilité du dollar en or et instauration d'un régime de taux de change flottants), les banques centrales étaient vendeuses nettes d'or », rappelle pour Le Revenu, Julien Fedoriska, directeur adjoint des gestions de matières premières chez Ofi Invest AM. « Elles sont passées à l'achat dans les années 2010, avec des niveaux historiquement élevés en 2022 et en 2023 », détaille-t-il. Les experts estiment ainsi que toutes les banques centrales dans le monde détiendraient 20 % de l'or mondial. Rien que pour l'ensemble de l'année 2020, elles ont acheté et amassé pas moins de 1 082 tonnes en or.

Comment justifier cette frénésie, alors que l'or n'apporte aucune rémunération, contrairement aux obligations qui permettent d'obtenir des intérêts versés sous forme de coupons en actions ? Dans un contexte où les autres actifs sont à la peine et n'offrent que peu de rendement, les investisseurs se tournent vers l'or, comme un refuge au milieu de la tempête financière et au cœur d'un environnement particulièrement incertain. En plus de ce contexte favorable à l'or, il ne faut pas négliger l'appétit de deux géants : la Chine et l'Inde. « La demande en bijouterie représente la moitié de la consommation mondiale d'or. Et Chinois et Indiens, les deux tiers de la demande dans ce secteur », détaille Laurent Schwartz, président du Comptoir national de l'Or.

À cela, il faut ajouter les difficultés d'extraction de l'or sur terre. « Aujourd'hui, il faut près d'une vingtaine d'années pour exploiter un nouveau gisement de métal comme l'or, entre la prospection, l'analyse du sol, l'autorisation d'exploitation et la mise en production », rappelle Julien Fedoriska. Un long processus qui ne satisfait pas la demande mondiale actuelle. Le métal précieux a donc encore de belles années devant lui.

20. Comment la fin de « l'étalon-or » a-t-elle sonné dans le monde ?

Pendant de longues années, la totalité du système monétaire international reposait sur l'or. Un moyen de garantir la valeur des échanges entre les pays, mais cela, c'était il y a un demi-siècle, avant que les accords de Bretton Woods (1944-1971) ne mettent fin à cette hégémonie. Il est tout d'abord utile de préciser que le système reposait principalement sur l'or, mais aussi sur le dollar, seule monnaie convertible alors en or.

Un système de change fixe qui prit fin dans les années 1970. La suspension de la convertibilité du dollar en or a été actée en 1971, le passage aux taux de change flottants date de 1973. Ces événements majeurs ont mis un terme au rôle central du métal jaune dans les paiements internationaux.

Le glas a définitivement sonné en 1976, avec la démonétisation de l'or alors qu'il était employé jusqu'ici depuis plusieurs millénaires comme moyen de transaction et avec un fort pouvoir de richesse et de puissance. C'est à partir de ce moment que le dollar devient quasiment hégémonique dans les transactions mondiales. Ce qui n'empêche pas les États-Unis de détenir, en parallèle, le plus gros stock d'or au monde. Plus précisément à Fort Knox dans le Kentucky, où les Américains cachent précieusement leurs réserves en or depuis 1937. Ce camp militaire ultra-sécurisé du sud-est du pays abrite aussi une partie de l'or de nations qui en possèdent le plus au monde, comme l'Allemagne et l'Italie. Des pays alliés. Au cours des années 1950, les autorités américaines ont creusé et construit sur site un lieu ultra-sécurisé à plusieurs centaines de mètres sous terre pour sécuriser davantage leurs réserves.

Mais entre 1950 et 1970, les États-Unis ont vendu une grande quantité de leurs réserves en or. Plus de la moitié des stocks ont été cédés, à cause du déficit de la balance de paiements. Elle avait atteint un niveau alarmant négatif de 3,87 milliards sur la période. L'économiste Robert Triffin souligna le paradoxe de la situation : le système fédéral américain a perdu des réserves métalliques à un rythme plus rapide que ses émissions de dollars destinées aux banques centrales étrangères. Mais la parité or-dollar a tout de même pu être maintenue à 35 $ l'once, avec l'appui du système monétaire international et la coopération des banques centrales occidentales. Elles ne voulaient pas laisser couler le navire amiral américain.

Face à ce blocage et aux craintes de pertes importantes, la France, par l'intermédiaire du général de Gaulle, décida en 1964 de la conversion en or des réserves françaises abritées en dollars. S'est ensuivie « l'opération vide-gousset », visant à rapatrier par avions et par bateaux le précieux métal appartenant à la France, stocké aux États-Unis depuis plusieurs années. Cette « bataille de l'or » prit fin en 1968. La doxa américaine qualifia alors la France de « responsable de la destruction du système monétaire international de Bretton Woods ».

21. Ce métal précieux brille aussi dans le sillage de l'or

Il est plus discret sur les marchés, mais presque aussi précieux que l'or. L'argent bat, lui aussi, des records ces derniers temps, si bien qu'il a vu sa cote grimper en flèche au cours des derniers mois. Des sommets rarement atteints et même du jamais vu depuis quatorze ans. La hausse de l'argent est portée par un double constat. Tout d'abord, un nombre sans cesse croissant d'investisseurs qui en sont friands et sont en quête d'une alternative à l'or, ce dernier étant devenu hors de prix. Ensuite, les marchés craignent aussi un resserrement généralisé de l'offre, lié à de potentielles taxes américaines sur les métaux. Le cours de l'argent s'est donc envolé vers les 39,50 $ l'once en juillet 2025, soit son plus haut niveau depuis 2011.

Un autre signe des tensions sur le marché est l'écart entre le cours « spot » londonien et les contrats à long terme à New York pour l'argent. Anormalement large, il a même entraîné un pont aérien de lingots entre Londres et les États-Unis pour transférer dans des coffres sécurisés des stocks de réserve de ce métal devenu si précieux.

À cela s'ajoutent les annonces incessantes du président américain Donald Trump qui inquiètent les investisseurs. « La demande pour l'argent bénéficie actuellement de la menace de guerres commerciales et du fait que l'or est devenu inabordable pour beaucoup », explique Priyanka Sachdeva, analyste chez Phillip Nova. Si la matière métal sous toutes ses formes est pour l'instant exclue des sanctions américaines, cela pourrait ne pas durer. Ce qui pousse les acteurs physiques et industriels aux États-Unis à sécuriser leurs approvisionnements en urgence, entraînant une hausse record et généralisée pour l'argent. L'once d'argent a pris + 140 % depuis janvier 2020, de quoi rendre jaloux l'or et son « modeste » + 29,5 % depuis le début de l'année, qui a depuis été battu.

Et si l'argent a une réputation de volatilité, il attire désormais les investisseurs les plus frileux comme les plus audacieux. D'autant plus qu'un peu comme l'or, l'argent est aussi une valeur refuge et sert de matière première dans de nombreux domaines industriels. L'électronique, les batteries électriques ou encore les panneaux solaires en sont friands. De quoi envisager un avenir encore plus radieux ?

22. Le cyanure, ennemi de la nature, mais indispensable dans l'extraction de l'or

C'est un projet aurifère qui a mis le feu aux poudres en France. Celui de la « Montagne d'or » en Guyane française. Après des mois de polémiques, le couperet est tombé : chantier suspendu. On revient en arrière. Trop polluant pour l'environnement. Ce vaste programme a mis en lumière les conditions dans lesquelles l'or est extrait profondément sous terre, que ce soit en France ou ailleurs dans le monde. Pour obtenir de l'or, il faut du cyanure : un produit chimique toxique et dangereux. Mélangé à de l'eau, il est capable de dissoudre l'or comme l'argent, une fois que la matière brute a été broyée assez finement. On peut l'utiliser de deux manières : répandre une solution de cyanure à la surface d'un tas de roches. Celle-ci va alors s'écouler vers un point de collecte, entraînant de l'or dissous. Cette lixiviation en tas nécessite de surveiller tout particulièrement les eaux alentour et les digues environnantes. À cause des forts risques de pollution induits.

L'autre technique, la lixiviation en cuves agitées, est employée pour le minerai particulièrement riche en or. Il faut un environnement fermé afin de faire transiter la solution cyanurée par plusieurs cuves. Les roches contenant de l'or, après avoir été broyées, entrent sous forme de pulpe. Vingt-quatre heures après l'ajout de cyanure, l'or est en contact avec le charbon actif dans des cuves et se fixe à ce dernier. Le métal précieux est alors récupéré en rinçant le charbon. Mais il reste du cyanure résiduel qui pollue les eaux qui ont été utilisées.

Malgré ses inconvénients, la cyanuration reste la méthode la plus rentable actuellement, avec un taux de récupération d'or allant jusqu'à 95 %. Difficile de faire mieux. Même si d'autres techniques existent, comme celle de la gravité, qui consiste à séparer les particules d'or à travers de plans inclinés recouverts de poils de feutre. Cette méthode par force centrifuge n'a qu'un taux d'extraction de 20 % à 40 %.

Il existe enfin la technique par flottaison. Elle consiste à accrocher des minéraux à des bulles d'air à travers une mousse flottante qui va récupérer entre 60 % et 90 % d'or. Mais elle nécessite de grandes quantités d'eau. Quant à une éventuelle solution en employant du mercure, elle est à oublier. Plus nocif que le cyanure, c'est un métal lourd, très toxique, et particulièrement volatil. Pas facile de rester écolo quand on veut obtenir de l'or...

23. Découvrez cette matière bien plus précieuse que l'or

C'est un métal rare, plébiscité dans de nombreux secteurs industriels, comme l'automobile, l'horlogerie, la joaillerie ou le domaine médical. Il possède des propriétés lui permettant de conduire sans perdition l'électricité et la chaleur, comme d'autres métaux, à l'instar de l'acier ou du cuivre. Mais il est plus massif que les autres par sa matière ; il ne subit pas la corrosion et ne ternit pas avec le temps. Des qualités peu répandues dans la nature, qui font de lui une matière recherchée dans les industries de pointe.

Le platine – puisque c'est de lui dont il s'agit – se reconnaît à sa couleur argentée qui tire vers le blanc, avec un aspect brillant du plus bel effet. Longtemps, son cours a été plus élevé que celui de l'or, mais la tendance s'est inversée ces derniers mois, le métal jaune étant porté par un contexte géopolitique mondial tendu et l'aversion des investisseurs pour les placements risqués. Pourtant, dans un secteur où l'or semble indétrônable, comme la joaillerie, il n'est pas rare de voir les bijoux de platine affichés à un prix supérieur à l'or. Car le poids déterminant la valeur d'un métal précieux, le platine reprend l'avantage sur ce point crucial. Dernier paramètre à prendre en compte pour expliquer son prix, on n'en extrait que 160 tonnes chaque année en moyenne, contre 1 500 tonnes pour l'or. Et comme tout ce qui est rare est cher…

Par ailleurs, le platine est recyclable à l'infini sans perdre de ses propriétés. Mais son extraction produit une pollution toxique à long terme, menaçant la flore et la faune environnantes avec des rejets de poussières chimiques. Des polluants, comme le cyanure et l'acide sulfurique, sont aussi utilisés au cours du processus, pouvant atteindre les nappes d'eau phréatiques alentour et contaminer ainsi toute la chaîne aquatique.

Le platine reste cependant incontournable dans la fabrication des catalyseurs de voiture ; un système de filtres qui permet de transformer les émissions de gaz toxiques en des rejets un peu moins nocifs. Mais avec l'explosion de la demande mondiale en voitures électriques aujourd'hui, les besoins en platine ont fortement baissé, les véhicules sans carburant fossile ne nécessitant pas la pose de catalyseur. Enfin, si ce métal si précieux peut être transformé en lingots, les banques centrales « n'ont pas l'habitude de stocker des lingots de platine dans leurs coffres », souligne BFM Bourse. De quoi entretenir sa rareté sur le marché.

PETIT TOUR DU MONDE EN DIVERSES ANECDOTES

24. Sauvetage dans une mine d'or : des « signes » de cannibalisme découverts

Le suspense a duré de très longues journées pour les familles et les proches des mineurs. Malheureusement, soixante-dix-huit corps de travailleurs clandestins ont été extraits d'une mine d'or abandonnée à Stilfontein, à environ 140 km au sud-ouest de Johannesburg. Ils étaient portés disparus depuis plusieurs mois en Afrique du Sud, dans un site minier non répertorié par les autorités, le pays étant connu pour ses exploitations illégales. Un sauvetage qui, au début, avait tout du parfait conte de fées : « Deux volontaires sont remontés à la surface et nous ont indiqué qu'ils avaient ratissé le sous-sol et qu'il n'y avait plus de cadavres ou de personnes en vie sous terre », explique un secouriste. Soupir de soulagement sur le moment pour les habitants, mais la suite est bien moins réjouissante.

Car le sauvetage a été plus long que prévu, le temps de localiser et de compter les survivants sous terre, l'impensable s'est produit. La chaîne télévisée SABC News a précisé à l'antenne que des « signes » de cannibalisme avaient été découverts sur place, les survivants ayant été contraints de manger des bouts de corps pour survivre. Les policiers ont fait un ultime décompte et révélé que deux cent quarante-six mineurs avaient été extraits vivants dans un puits mesurant pas moins de 2,6 km de profondeur. Une véritable ville souterraine.

Les survivants ont été sauvés, mais retrouvés en mauvais état de santé, avec des membres parfois décharnés. La faim et la soif se lisaient sur leurs visages. Certains de ces mineurs étant restés trop longtemps sous terre se sont retrouvés trop faibles pour pouvoir remonter à la corde qui leur avait été lancée. Et pour les forcer à sortir à la surface, les policiers ont limité les ravitaillements en eau et en nourriture destinés à ces *zama zamas*, « ceux qui essaient » en zoulou (voir chapitre suivant). Ce qui a suscité une vive polémique.

Athlenda Mathe, porte-parole de la police locale, a balayé d'un revers de main tout manquement des autorités : « Personne n'a empêché qui que ce soit de sortir. » Et de continuer : « En fournissant de la nourriture, de l'eau et des produits de première nécessité à ces mineurs illégaux, la police aurait entretenu des activités minières illégales et laissé prospérer la criminalité. » Ces *zama zamas* sont des dizaines de milliers en Afrique du Sud et sont souvent sous la coupe de groupes criminels organisés. Beaucoup sont étrangers et travaillent de longues journées pour parfois une bouchée de pain, dans des conditions – on l'a vu – très précaires.

25. À la découverte des zama zamas : les forçats de l'or africain

Qui sont les *zama zamas*, ces travailleurs de force à la recherche d'or, devenus les forçats d'Afrique du Sud, piégés sous la coupe de gangs criminels ? Pour comprendre leurs conditions de travail précaires, il faut se plonger dans les mines d'or désaffectées de ce pays de l'extrême sud du continent africain. Dans les entrailles de ces terres autrefois riches en or, ils s'échinent chaque jour, au péril de leur vie, à gratter le peu de métal brillant qu'il reste dans ces sillons désaffectés. Ils sont des milliers de mineurs clandestins à tenter ainsi chaque jour leur chance, à la recherche d'un eldorado appartenant dorénavant au passé. Un enfer souterrain pour près de trente mille *zama zamas*, simplement armés d'outils rudimentaires, comme de vieilles pelles ou pioches usées par le temps. « Ceux qui essaient », *zama zamas* en zoulou, sont de véritables forçats des temps modernes, n'hésitant pas à s'enfoncer à 3 km sous terre pour tenter leur chance, parfois durant de longues semaines. Un véritable enfer, à l'air vicié et avec une chaleur étouffante ambiante, sans oublier les menaces d'effondrement ou d'inondations qui les guettent à chaque instant.

Robert Thornton, anthropologue, souligne : « Vous n'obtenez que 7 à 15 grammes d'or par tonne. Ils doivent avoir un bon œil et ne remontent que les roches contenant le plus d'or ». Car l'eldorado sud-africain est bien terminé. L'or ne représente plus que 6,2 % du PIB national en 2023, contre 21 % en 1980. Si le pays a été autrefois leader mondial de la production aurifère, il a dégringolé aujourd'hui à la onzième place, derrière des pays comme le Ghana ou le Soudan. Toutes ces fermetures de mines en Afrique du Sud ont eu pour conséquence de laisser une forte main-d'œuvre locale sans emploi.

Les *zama zamas* sont ainsi devenus des hommes facilement exploitables pour une économie parallèle qui prospère dans le pays. L'Initiative mondiale contre la criminalité transnationale (UNTOC) souligne que le milieu de l'orpaillage illégal est gangrené par les gangs et les affrontements violents. Des individus venant de pays tiers comme le Lesotho n'hésitent pas à user de violence pour dépouiller brutalement ces travailleurs précaires. « Les gangs du Lesotho volent l'or des travailleurs souterrains. Il n'y a aucune activité minière au Lesotho. Ils n'ont donc aucune expérience en la matière », souligne encore Robert Thornton.

Cette économie clandestine n'est viable que parce qu'à l'autre bout de la chaîne, des acheteurs peu scrupuleux ramassent cet or à bas prix, avant de l'exporter à Dubaï, l'Inde ou la Chine en encaissant de confortables marges au passage. On le voit, la vie quotidienne des *zama zamas* est bien loin d'être un long fleuve tranquille.

26. Pourquoi des centaines de tonnes d'or ont-elles été envoyées d'urgence aux États-Unis ?

Ce sont des centaines de tonnes d'or qui ont été transférées en toute hâte de Londres vers les États-Unis, en ce début d'année 2025. Un convoi exceptionnel ultra sécurisé et peu médiatisé qui s'est déroulé dans la plus stricte discrétion. Transporté dans des vans blindés jusqu'à l'aéroport, tout cet or a ensuite été expédié dans de simples vols commerciaux, sans que les passagers soient mis au courant qu'ils volent au-dessus d'un véritable trésor.

La raison de cet exode ? Des droits de douane imposés par le président américain, Donald Trump, qui ont secoué les places financières. Ces nouvelles taxes douanières ont freiné les échanges avec les pays partenaires des États-Unis. Les investisseurs ont donc préféré mettre leur épargne en or « au chaud » en attendant des jours meilleurs.

Ce déplacement massif de lingots entre deux pays est du jamais vu depuis 2012. Un transfert notable, intervenant seulement trois semaines après le retour de Donald Trump au pouvoir, souligne le *Wall Street Journal*. Un événement d'autant plus étonnant que la ville de Londres est réputée pour être la capitale où l'on négocie le plus grand nombre de lingots physiques chaque jour. Ainsi, les coffres britanniques ne contiendraient pas moins de 8 500 tonnes d'or. Les plus grands courtiers ont la main sur ce magot. La Banque d'Angleterre peut, elle, se targuer d'être la deuxième place la plus importante dépositaire d'or au monde, après la Réserve fédérale de New York et ses quatre cent vingt mille lingots.

Mais que cache cet échange massif entre le Vieux Continent et le Nouveau Monde ? Le succès de l'or britannique s'expliquait jusque-là par des frais de détention peu coûteux et des conditions de sécurité ultra strictes. Mais les tactiques d'intimidation du président américain ont fini par faire fléchir les investisseurs. Donald Trump ayant projeté de taxer jusqu'à 25 % des métaux rares comme l'aluminium ou l'acier, les observateurs ont craint les mêmes sanctions pour l'or.

Enfin, ce transfert particulièrement volumineux s'explique surtout par une différence de prix entre Londres et New York. Au début de l'année 2025, le métal jaune avait un écart de cotation de 20 $ l'once, à l'avantage du pays de l'Oncle Sam. Le prix de l'or s'est donc envolé à New York, atteignant des sommets rarement vus. Plusieurs banques, comme HSBC ou JP Morgan, sont alors passées à l'action et ont décidé de transférer une partie de leur or. JP Morgan aurait même prévu de transporter outre-Manche l'équivalent de 4 milliards de dollars en or dès février 2025 !

27. La Suisse peut dire merci à son or

« L'autre pays du fromage » n'est pas uniquement connu pour ses fameuses tablettes de chocolat, ses montagnes enneigées ou ses paisibles lacs d'altitude. On y produit aussi un or de grande qualité ; une référence mondiale. Et ce, en quantités industrielles, étant donné que le pays est numéro un dans la transformation du précieux métal jaune, avec des chiffres impressionnants. Ce ne sont pas moins de 50 % à 70 % de l'ensemble de l'or négocié dans le monde qui transitent par la Suisse. Le Confédération compte également quatre des sept plus grandes raffineries au monde. Notamment dans le canton du Tessin, au sud du pays.

Rien qu'en s'attardant sur l'activité de la société Valcambi, l'une des plus réputées, 4 tonnes de lingots d'or sortent chaque jour des lignes de ses usines. Et cette production alimente de nombreux pays friands de cette technicité helvétique, à la fois unique et reconnue par-delà ses frontières. Plusieurs unités de transformation tournent à plein régime outre-Tessin, de jour comme de nuit, afin de satisfaire une demande mondiale toujours plus forte.

Dans un contexte de fortes tensions géopolitiques comme actuellement, l'or suisse joue à plein son rôle de valeur refuge, avec une cote sans cesse croissante. Le pays en profite pleinement et n'a jamais autant vendu. Particulièrement aux États-Unis, où les investisseurs sont très friands du métal jaune. Mais, paradoxalement, la Suisse doit importer de grandes quantités d'or, car elle ne dispose pas de matières premières pour satisfaire la demande, étant donné qu'aucune mine n'est recensée sur son territoire.

Heureusement pour nos voisins helvétiques, leur technique de raffinage, reconnue pour sa technicité et sa fiabilité, demeure une affaire très rentable et une référence. Si bien qu'aujourd'hui, l'activité aurifère dépasse en valeur le secteur pharmaceutique du pays. À cela s'ajoute la stabilité économique et politique qui perdure au fil des années, faisant de la Suisse un lieu particulièrement prisé des investisseurs et des institutions pour sécuriser leurs achats d'or en toute discrétion. Enfin, des coffres-forts disséminés un peu partout sur le territoire répondent à des normes de sécurité et de stockage parmi les plus strictes au monde. Un savoir-faire qui fait de la Confédération helvétique un lieu unique. La confidentialité et la discrétion des institutions financières du pays finissent par séduire les investisseurs un peu partout sur la planète.

28. Quand les banques anglaises étaient en pénurie totale

C'est une nouvelle qui a fait l'effet d'une bombe chez les investisseurs du monde entier. En ce début d'année 2025, la Banque centrale anglaise a annoncé qu'elle ne pourrait plus livrer ses clients en or. Une nouvelle rarissime qui a donné des sueurs froides à de nombreux épargnants, inquiets qu'une partie de leur patrimoine ne soit ainsi plus disponible. Cette annonce inquiétante venue directement d'outre-Manche a surgi alors que la récente élection de Donald Trump à la tête des États-Unis a fait exploser la demande en or. Particulièrement sur le Comex (Chicago Mercantile Exchange), la principale bourse américaine d'échange pour les métaux précieux. Les investisseurs ayant voulu miser sur la sûreté de l'or, face à la politique du président nouvellement élu.

De son côté, la Banque d'Angleterre se voulait pourtant rassurante : elle affirmait détenir un stock de sécurité de 5 000 tonnes dans ses coffres. De quoi voir venir... Pourtant, cela n'a pas empêché les propriétaires de devoir s'armer de patience pour récupérer leur dû. « L'attente pour retirer les lingots stockés dans les coffres de la Banque d'Angleterre est passée de quelques jours à quatre, voire à huit semaines », détaille le *Financial Times.* Provoquant ainsi l'inquiétude dans les rangs des clients, en cas de décote soudaine.

Pour éviter toute polémique, la Banque d'Angleterre a livré une explication pour le moins étrange pour justifier ses retards de livraison. Le poids d'or à transporter et la pénurie de camionnettes sécurisées dans le pays seraient la cause de ces dysfonctionnements.

Et si le problème était plus profond ? Avec une institution qui aurait trop tendance à louer une trop grande partie de son or, une pratique courante pour les banques centrales détenant plusieurs milliers de lingots. Cette astuce permet de générer de précieux revenus sur ces actifs, qui, autrement, ne produisent pas d'intérêts au quotidien. Mais aujourd'hui, la pression sur l'or et l'argent, comme les métaux précieux, s'accentue, mettant nombre d'institutions en difficulté en cas de demandes de rachats trop importantes de la part de leurs clients. Si la Banque centrale d'Angleterre a depuis rectifié le tir, les autres établissements financiers qui auraient loué une trop grande quantité de leur or risquent rapidement de connaître aussi une pénurie malvenue. Et cela pourrait entraîner des conséquences financières en cascade, bien difficiles à mesurer sur le long terme.

29. En Angleterre, la plus grosse pépite découverte d'une drôle de manière

Richard Brock a été particulièrement chanceux, en ce jour de mai 2023. À 67 ans, il arrive, comme tous les jours, à un rassemblement de fans de détecteurs de métaux dans le Shropshire, dans l'ouest de l'Angleterre. Mais ce jour-là, il est en retard. À son arrivée, son équipement de détection est considéré comme dépassé. Il décide tout de même d'entamer ses recherches, mais pas forcément dans les meilleures conditions. « Tout le monde avait un équipement ultramoderne et je me suis retrouvé avec trois vieilles machines, dont l'une s'est emballée sur-le-champ », se remémore Richard pour le *Guardian*.

C'est alors qu'il tombe sur une énorme pépite, seulement 20 minutes après avoir débuté ses recherches. Il est alors bien loin de se douter que ce serait la plus importante découverte de sa vie et de tout le pays, avec une valeur en or estimée à près de 38 000 $. Il la nommera « Hiro's nugget » ou pépite de Hiro. Un joli coup de chance pour Richard qui ne réalise toujours pas avoir eu une telle opportunité de découverte, après trente-cinq ans à pratiquer sa passion de la détection. « Cela prouve que l'équipement utilisé n'a pas vraiment d'importance. Si vous marchez sur la découverte et que vous êtes suffisamment attentif à ce qui peut se cacher sous le sol, cela fait toute la différence », se félicite-t-il.

La pépite pèse exactement 64,8 grammes et ne se dissimulait que sous 13 à 15 centimètres de terre, quelque part en plein cœur des collines du Shropshire. Un lieu situé seulement à trois heures de route du domicile de Richard, qui se remémore : « Je n'arrivais pas à y croire.

Je suis arrivé en retard et je ne suis resté que quelques minutes alors que cette chasse au trésor était censée durer toute la journée. »

L'endroit de la découverte est proche d'une ancienne voie ferrée, près de la ville de Much Wenlock. Une bien belle nouvelle, alors qu'Outre-Manche les fans détecteurs de métaux sont de plus en plus nombreux. Si l'excitation de la découverte et l'exploration de nouveaux lieux sont leurs principales motivations, ils font aussi un travail de fond pour mettre au jour des objets anciens appartenant dorénavant à l'Histoire.

30. Pour quelles raisons l'or de pays étrangers est-il gardé aux États-Unis ?

C'est un héritage de l'histoire contemporaine qui perdure aujourd'hui. L'or de plusieurs pays occidentaux est précieusement stocké aux États-Unis, plus particulièrement à la Federal Reserve Bank de Manhattan, au cœur de New York. Dans ces coffres-forts ultra-sécurisés, on retrouve une partie de l'or allemand (37 % du stock total, 3 350 tonnes) ou de l'or italien (43 %) : ces deux pays sont parmi les plus gros détenteurs d'or au monde, occupant respectivement la deuxième et troisième place mondiale (2 450 tonnes pour l'Italie). La France se classe à la quatrième place (2 437 tonnes) devant la Chine et ses 2 279 tonnes.

Mais pourquoi l'Allemagne et l'Italie ont-elles ainsi décidé de transférer une partie de leur or aux États-Unis ? Il faut remonter au temps de la guerre froide, lorsque le continent européen craignait une invasion de l'Union soviétique. L'Allemagne de l'Ouest avait alors décidé de placer une partie de son précieux métal jaune dans plusieurs villes en dehors de ses frontières : Paris, Londres et New York. Les États-Unis étant un allié de confiance, le stock resterait ainsi à l'abri en cas de conflit. D'autres pays ont suivi le mouvement.

En Allemagne, des voix s'élèvent aujourd'hui contre cette pratique et demandent à rapatrier une partie de cet important magot stocké à l'extérieur. Car outre-Rhin, l'or et une monnaie forte sont les piliers de la bonne santé financière du pays. C'est après 1945 que l'Allemagne a commencé à se constituer des réserves d'or, sous l'impulsion des accords de Bretton Woods et de la nécessaire reconstruction du pays. Dès 1960, la RFA (République fédérale allemande) est devenue le deuxième pays au monde à posséder le plus d'or. La politique allemande de stocker en dehors de son territoire est une mesure permettant d'avoir un accès facilité aux devises étrangères. Berlin pouvant ainsi rapidement convertir les lingots d'or dans la devise du pays.

Reste que cette volonté de rapatrier l'or allemand sur son sol s'inscrit dans un mouvement mondial global. Les banques centrales, notamment celles des pays émergents, ont mis un coup d'accélérateur à la dédollarisation de leurs réserves. Et elles ont acheté plus de 1 000 tonnes d'or par an au cours de ces trois dernières années. La Banque centrale d'Inde a, par exemple, rapatrié une centaine de tonnes d'or depuis Londres. Reste que faire garder une partie de son or sur le sol américain permet, pour les pays étrangers, de le convertir plus rapidement en dollars et d'éviter des coûts de rapatriement et de stockage élevés, évalués à plusieurs millions.

31. Il trouve cinquante lingots et les rend à la police

C'est une découverte unique que l'on a peu de chance de faire au cours de sa vie : tomber nez à nez avec un trésor hors normes de plusieurs dizaines de lingots d'or dissimulés dans le mur de sa maison et en plus trouver des boîtes pleines de billets... tout cela au même endroit ! Une fabuleuse trouvaille, faite par un habitant du sud de l'Australie, Dave, en cette fin d'année 2024. Rien qu'en espèces, il y en avait pour plus de 3 millions de dollars australiens (environ 1 900 000 €). De quoi changer une vie.

Résident en Nouvelle-Galles-du-Sud, Dave a trouvé totalement par hasard cet énorme pactole alors qu'il rénovait sa maison dont il venait d'être propriétaire. C'est tout simplement en abattant un mur qu'il a fait la formidable découverte. Tout ému, Dave se rappelle avoir vu « beaucoup, beaucoup d'argent et des lingots d'or ». Soit « environ cinquante lingots d'or qui pèsent un demi-kilo chacun ». Si beaucoup de personnes garderaient jalousement secret ce pactole, Dave, lui, a décidé d'appeler immédiatement la police, alors qu'il aurait très bien pu dissimuler ce trésor chez lui et en vivre confortablement pendant plusieurs années. Mais une fois sa déclaration faîte, les autorités australiennes ont décidé de saisir directement ces biens.

Vient alors à l'esprit la question que tout le monde se pose et que les enquêteurs n'ont pas manqué de creuser : d'où peut bien provenir tout cet argent ? Qui l'a mis là, dans ce mur anodin ? Les médias locaux évoquent des braquages commis en Australie, notamment un qui a particulièrement touché la Perth Mint, l'établissement australien de production de monnaie. Soit l'un des plus grands transformateurs d'or au monde. Les faits s'étaient déroulés en 1982, au cours desquels cinquante lingots avaient été dérobés.

Dave, après avoir prévenu les autorités de sa fabuleuse découverte, n'en a pas dit mot à sa femme. L'enquête va maintenant devoir s'attacher à savoir si ce « trésor » a été mal acquis. Si ce n'est pas le cas, il reviendra entièrement à Dave. Il aura alors fait une découverte extraordinaire, changeant le cours de sa vie, simplement en abattant un mur.

32. La France a extrait l'équivalent de 16 milliards d'euros d'or au cours du XXe siècle

On ne le sait pas forcément, mais la France est un grand pays extracteur d'or. Et cette tradition remonte au temps des Gaulois, plus précisément dans les régions du Limousin et du nord de la Dordogne, où pas moins de deux cent cinquante mines d'or ont été recensées et exploitées il y a de cela quelques siècles. Un travail de fond qui a rapporté 69 tonnes d'or au pays en cinq cents ans d'extractions. Certains chantiers atteignaient même 30 mètres de profondeur.

Après quelques années de déclin, l'activité minière a connu un renouveau au XIXe siècle, avec la découverte de gisements importants. Cela a entraîné de jolies découvertes quelques années plus tard. Parmi les sites les plus remarquables, citons la mine de La Lucette qui a produit près de 8 700 kilogrammes d'or entre 1903 et 1934. Lors de son apogée, elle employait pas moins de trois cents ouvriers et avait des galeries souterraines qui s'étendaient sur près de 30 kilomètres ! Autre lieu marquant dans l'Hexagone : la mine de la Bellière. Elle a sorti jusqu'à 10 400 kilogrammes d'or, avec des teneurs atteignant parfois 50 grammes de métal pur par tonne de minerai. Son puits principal mesurait 170 mètres de profondeur.

Le dernier exemple remarquable nous vient de la Société des bains de mines de Haute-Vienne, à Saint-Yrieix-la-Perche. Elle a fonctionné de 1982 à 2001 et a produit environ 15 000 kilogrammes d'or pur. Cette exploitation moderne combinait des méthodes d'extraction à ciel ouvert et des techniques souterraines. Au plus fort de son activité, elle traitait jusqu'à 180 000 tonnes de minerai par an, avec des teneurs moyennes de 8 à 10 grammes d'or pur par tonne. Ce qui est remarquable.

Quand on fait le bilan, ce ne sont pas moins de 180 tonnes d'or qui ont été extraites du sous-sol français au cours du XXe siècle. Si l'on se projette à la cotation actuelle de l'or, cela représente une valeur totale de plus de 16 milliards d'euros qui est revenue à la France. D'où l'importance historique et économique qu'a revêtue le secteur aurifère dans l'Hexagone, bien que l'activité soit aujourd'hui largement réduite sur tout le territoire. Avec des techniques d'extraction de plus en plus sophistiquées, les mines ont été largement exploitées au cours des dernières décennies. Ces sites restent cependant encore aujourd'hui un patrimoine industriel et géologique important que des passionnés s'évertuent à conserver en des points spécifiques du territoire.

33. Un plombier découvre un fabuleux trésor de plus de 2 millions d'euros

Une fabuleuse et étonnante découverte a été dévoilée en ce mois de novembre 2024, dans la paisible ville de Vienne en Autriche. Un ouvrier qui s'affairait dans une maison pour la rénover s'est retrouvé nez à nez avec une étrange boîte métallique. C'est en remarquant une vieille corde piégée dans le sol que sa curiosité l'a poussé à en savoir plus. Il décide alors de creuser délicatement avec une pelle tout autour de l'endroit, jusqu'à ce que l'extrémité de son outil bute sur une étrange résistance métallique enfoncée dans le sol.

Entouré d'une équipe d'ouvriers, ce plombier autrichien qui a souhaité garder l'anonymat a eu l'excellente surprise de trouver une malle métallique de 30 kilogrammes, rouillée et en mauvais état. En l'ouvrant, il tombe sur un fabuleux trésor de centaines de pièces d'or. Une collection estimée à près de 2,3 millions d'euros, le jour de sa découverte. Beaucoup plus aujourd'hui.

L'un de ses collègues, présent sur place et témoin de la découverte, a confié au journal *Heute* : « C'est vraiment incroyable. Je travaille sur des chantiers depuis l'âge de 15 ans. De temps en temps, on trouve des pièces de monnaie. Mais une telle découverte, c'est fabuleux. » On pense dès lors que la boîte a été cachée dans la villa avant la Seconde Guerre mondiale, mais aujourd'hui, la loi autrichienne entre en jeu pour sceller l'avenir de ce fabuleux trésor : toute personne à l'origine de la découverte d'un objet de valeur sur la propriété d'autrui est dans l'obligation de le partager avec le détenteur des lieux.

La même réglementation est en vigueur en France : « Si le trésor est trouvé dans le fonds d'autrui, il appartient pour moitié à celui qui l'a découvert et pour l'autre moitié au propriétaire du fonds. »

L'article 716 du Code civil français est clair là-dessus. En Autriche, le chanceux plombier devra donc partager sa découverte avec le propriétaire de la maison, soit tout de même plus d'un million d'euros chacun.

34. Le nugget, symbole de l'Australie

Alors que la plupart des fast-foods à travers le monde proposent des nuggets sous forme de tendres petits morceaux de poulet frit faciles à engloutir, en Australie, il a aussi une tout autre signification pour l'or local. Cette similitude pour désigner un plat incontournable aux comptoirs des fast-foods et les plus belles pièces d'or australien dans la langue de Shakespeare viendrait du terme *nug*, qui signifie « morceau », en argot anglais.

Cela a inspiré la chaîne de restauration rapide McDonald's qui a lancé ses célèbres morceaux de poulet frit dès 1980. Toujours appelés « chicken McNuggets », leur nom a été inspiré de leur apparence : une fois frits, ces morceaux de poulet que l'on avale rapidement ont une couleur dorée en surface. Et leur forme, avec des reliefs irréguliers, rappelle certaines pépites d'or.

En Australie, le « nugget » est donc une pièce d'or mythique. Elle puise ses origines dans l'ouest du pays, notamment en 1986, quand la Gold Corporation (société du gouvernement de l'Australie-Occidentale) s'est mise à la frapper. Aujourd'hui éditée par la Perth Mint, l'actuelle institution monétaire nationale, cette pièce est disponible à la vente en huit tailles différentes. Cela va du 1/20 once, jusqu'à la plus grande pièce qui pèse 1 kilogramme. La « nugget » fait ainsi partie des plus grosses pièces d'or au monde, avec une valeur faciale montant jusqu'à 3 000 $ australiens pour la plus lourde sur la balance. Sa finesse est de 24 carats avec une pureté garantie de 99,9 %, ce qui en fait une pièce très recherchée des collectionneurs.

Comme pour le panda chinois en or, le revers de la pièce change au fil des années. De 1986 à 1989, on trouve des « nuggets » (pépites) frappés en différents symboles. À partir de 1989, le kangourou prend le relais et est toujours présent de nos jours. Rappelons que l'Australie est l'un des principaux producteurs d'or au monde et possède des gisements riches et abondants dans ses sols. La ruée vers l'or dans le pays a commencé en 1851 et continue encore aujourd'hui, mais de manière moins massive. Ce qui participe à l'actuelle renommée du pays.

DES HISTOIRES TRÈS FRANÇAISES

35. L'incroyable découverte du trésor de la chouette d'or après trente et une années de recherches

Cette fabuleuse chasse au trésor a tenu en haleine plusieurs centaines de milliers d'enquêteurs amateurs dans le monde. Le mystère de la chouette d'or aura même eu raison de son créateur, le Français Régis Hauser (dit Max Valentin), disparu en 2009 avant que le mystère ne soit résolu. Le principe, pourtant clair au départ, consistait à résoudre onze énigmes complexes afin de trouver l'endroit caché en France où a été dissimulée la fameuse chouette d'or. Le jeu *Sur les traces de la chouette d'or* a été lancé en avril 1993 par deux hommes passionnés de chasse au trésor : le bijoutier Michel Becker et l'auteur Régis Hauser. Une réplique en bronze a été enterrée lors du lancement du jeu, quelque part dans l'Hexagone, mais les auteurs ne s'attendaient pas à ce que le suspense dure autant d'années.

La véritable chouette en or était estimée, à l'époque, à 1 million de francs (150 000 €). Elle vaudrait aujourd'hui plutôt 250 000 €. Et depuis le 3 octobre 2024, elle est dans les mains d'un heureux gagnant qui a tenu à garder le plus strict anonymat. L'objet est une sculpture originale confectionnée par Michel Becker. Il pèse une dizaine de kilos en métaux précieux et est principalement composé d'argent, mais aussi d'or, de diamants et de rubis incrustés, ce qui en fait sa grande valeur.

Pour pouvoir résoudre le mystère, Régis Hauser a publié un livre de onze énigmes ; des textes brefs accompagnés d'illustrations pour un prix de départ de 14,50 €. Laurline Danguy des Déserts, qui a réalisé le documentaire *À la poursuite de la chouette d'or*, que l'on peut visionner sur Canal+, décrypte une part du mystère. « Une fois qu'on a résolu une énigme, c'est un cryptage simple. Ça vous donne un terme nébuleux, comme “la nef encalminée” ou “le navire noir perché” que vous devez interpréter. » Au fil des années, la communauté des « chouetteurs » s'est agrandie, jusqu'à compter deux cent mille personnes dans le monde, dans les années 2010.

Une des pistes les plus sérieuses menait vers la Moselle, d'où est originaire Régis Hauser. Plus précisément au lieu dit « Les bornes Saint-Martin », près de Dabo où trois bornes sortent de terre. Et c'est effectivement là qu'a été retrouvé le précieux sésame. Ce sont, semble-t-il, des indices supplémentaires distillés par Michel Becker ces derniers mois qui ont permis la découverte, mettant ainsi un point final à une quête qui aura tenu en haleine bien des passionnés tout au long de ces années.

Mais cette aventure est loin d'être conclue. Une association de joueurs estime que « quelque chose cloche » avec la solution donnée et ils ont décidé de porter plainte pour escroquerie. Un livre des solutions doit sortir prochainement. De quoi mettre tout le monde d'accord ?

36. « Un cadeau tombé du ciel » : deux lingots retrouvés dans une église du nord de la France

C'est une étonnante découverte qu'a faite un curé de Wambrechies, dans le nord de la France. Une découverte qui n'arrive généralement qu'une fois dans une vie. Un mystérieux donateur a soigneusement « abandonné » derrière une statue de l'église de la petite commune deux lingots d'or en parfait état et très bien conservés. Un geste étonnant que l'homme de foi s'est empressé d'évaluer : il y en avait pour un peu moins de 200 000 €. De quoi envisager l'avenir de la paroisse avec sérénité.

Ce don « tombé du ciel » a été retrouvé dans l'église de Saint-Vaast, au mois de juillet 2024. Un matin, le curé de la paroisse reçoit un appel anonyme. À l'autre bout du fil, une voix lui indique qu'il pourra trouver deux lingots d'or derrière une statue dans la nef. Sans trop y croire, le religieux s'y rend. À son grand étonnement, il découvre alors deux lingots en or massif de 1 kilogramme chacun, accompagnés de ce message : *« À remettre à la ville, pour les travaux de l'église. »*

Sitôt mis au courant, le maire de Wambrechies, Sébastien Brogniart, évoque « un cadeau tombé du ciel ». Il se souvient de ce jour « béni des dieux » : « Je m'apprête à partir en vacances, puis je reçois un coup de fil du prêtre de la paroisse qui veut me voir. » Bien lui en a pris. L'élu cesse toutes affaires courantes et va alors se rendre sur place pour constater que les lingots sont bien là.

Si le mystérieux donateur n'a toujours pas été identifié à ce jour, une chose est sûre : avec une valeur d'environ 180 000 €, ces deux lingots suffiront largement à réaliser les travaux de rénovation dont l'église avait urgemment besoin. Des rénovations estimées entre

120 000 € et 130 000 €. Les précieuses barres de métal jaune ont été entreposées dans un lieu sûr. Elles vont permettre à l'édifice de Saint-Vaast, attaquée par le mérule (champignon des charpentes), de retrouver tout son éclat. Des travaux ont déjà été entamés sur les nefs latérales et le chœur, mais la nef centrale doit encore être traitée. Ces mystérieux lingots sont donc particulièrement bienvenus.

37. Dérobée depuis plusieurs années, cette médaille d'or olympique réapparaît dans un lieu improbable

En ce mois de février 2021, une étonnante de découverte a surpris les employés qui réalisaient des travaux sur l'autoroute A68, dans le Tarn. Alors qu'ils travaillaient sur place, un drôle d'objet a attiré leur attention, car il brillait au soleil. Les ouvriers se sont alors immédiatement rapprochés de la chose et n'en ont pas cru leurs yeux. C'était une médaille olympique datant des Jeux d'Atlanta de 1996 aux États-Unis ! Elle a été retrouvée par hasard et dans un lieu pour le moins insolite. Les deux hommes se sont rapidement posé de nombreuses questions sur sa provenance et les raisons pour lesquelles ils l'ont retrouvée ainsi, au bord d'une autoroute française assez fréquentée.

Mathieu Chandelle, l'employé à l'origine de la curieuse découverte, se remémore cette journée particulière : alors qu'il démontait la glissière de sécurité sur 10 km, entre Toulouse et Albi, il a été surpris par le reflet du soleil sur un objet doré. « J'appelle mes collègues et on voit que c'est une médaille olympique. Il est indiqué "Atlanta 1996" et il y a un dessin de canoë dessus. Sur la tranche, il est marqué : "canoë double". »

C'est en rentrant chez lui et en surfant sur le Net qu'il se met en quête de sa propriétaire et tombe sur le profil Facebook de la sportive française Sandra Forgues, championne de canoë. Tous deux entrent alors en contact et peinent à croire à la nouvelle. Ils se fixent rapidement rendez-vous, afin que Mathieu puisse restituer la médaille olympique à sa légitime propriétaire. Sur place, en plus des sourires de circonstance qui ont surgi face à cette improbable trouvaille,

Sandra Forgues lui offre le livre, intitulé *Un jour peut-être ; Journal d'un champion olympique devenu femme*, qu'elle a écrit. Elle est effectivement bien la championne olympique de 1996 qui a remporté la précieuse médaille.

En fin de compte, c'est une histoire qui finit bien pour Sandra, anciennement nommée Wilfrid. C'est elle qui avait décroché le précieux sésame lors des Jeux tenus outre-Atlantique, à Atlanta. La médaille d'or lui avait été décernée dans la catégorie canoë biplace avec son binôme, Franck Adisson. Un bien qu'on lui avait dérobé le 12 novembre 2017, lors d'un cambriolage chez son beau-frère à Couffouleux, dans le Tarn. Elle ne pensait jamais la récupérer un jour. Le destin en a décidé autrement.

38. Des randonneurs chanceux ont mis la main sur six cents pièces d'or

On en a tous rêvé, ils l'ont fait. Deux randonneurs qui marchaient tranquillement dans la montagne sont tombés nez à nez avec une étrange et vieille boîte métallique, lors de leur promenade à Rtyně v Podkrkonoší, dans le nord-est de la République tchèque. C'est près de cette petite ville nichée dans la région de Hradec Králové qu'ils ont croisé la route de ce trésor soigneusement dissimulé et contenant des centaines de pièces anciennes.

Pourtant, au départ, ces deux touristes avaient un doute quant à la valeur du contenu de cette boîte, sortie de nulle part et rouillée de toutes parts. Ils décident tout de même, après réflexion, de faire évaluer cette étonnante trouvaille au musée de la Bohême orientale, tout proche. Quelle ne fut pas leur surprise d'apprendre alors que leur découverte, faite de près de six cents pièces d'or, de bijoux et autres objets de valeur est estimée à près de 340 000 $!

Ce qui a amené des spécialistes à s'interroger sur l'origine de ces objets précieux. Une question reste toujours en suspens dans l'esprit des historiens : comment ces reliques de pays si différents et d'époques si éloignées ont-ils pu se retrouver dans une seule boîte ? Pourquoi personne ne les a jamais réclamés ?

L'archéologue en chef du musée livre quelques indices et se remémore le moment où il a vu la boîte pour la première fois : « Quand il l'a ouverte, j'en suis resté bouche bée », narre-t-il avec émotion. Le spécialiste comptabilisera alors seize tabatières, dix bracelets, un peigne et surtout un joli pactole de cinq cent quatre-vingt-dix-huit pièces d'or, chacune soigneusement enveloppée de tissu noir. La plupart de ces objets datent de 1808 à 1915.

Ces pièces devaient sûrement se trouver en Serbie dans les années 1920 ou 1930, car elles étaient souvent utilisées alors dans la confection de colliers et de coiffes typiques des Balkans. Certaines viennent même de collections de France, de Belgique ou de Turquie, mais rien ne dit comment elles ont atterri là. Peut-être ont-elles été dissimulées à la hâte à l'occasion de l'annexion du pays par l'Allemagne nazie dans les années 1930 ? Reste maintenant à savoir à qui va revenir le joli magot. Si les conservateurs du musée espèrent les exposer prochainement au public, nos deux randonneurs peuvent tout de même prétendre à récupérer 10 % de la valeur du total trouvé, selon la loi tchèque. Une maigre récompense en fin de compte.

39. Un ouvrier découvre un joli magot sur le chantier d'une banque

C'est sur le chantier de démolition d'une banque dans la ville d'Angers (Maine-et-Loire) qu'un ouvrier a fait une fabuleuse découverte au milieu des gravats : une étrange sacoche en cuir gisait dans les décombres. Un événement pas si étonnant que cela, car en ce mardi 18 février 2025, l'homme descendait avec deux de ses collègues dans l'ancienne salle des coffres de la banque. Curieux, il s'est rapidement saisi du vieil accessoire abandonné et a partagé sa découverte. Les yeux des trois hommes ont brillé de mille feux quand ils ont mis la main sur deux énormes lingots d'or pur, pesant chacun 995 grammes.

Ils étaient dissimulés dans le fond d'un coffre de cette ancienne enseigne de la Société Générale. Située boulevard Foch, elle était fermée depuis quatre ans. L'employeur de l'ouvrier chanceux, Sébastien Bellier, codirigeant de l'entreprise Alltech Déconstruction, chargé du chantier, raconte à France 3 l'étonnante découverte. « Il a d'abord pensé que c'étaient des choses sans valeur », détaille-t-il.

Les trois ouvriers se prennent alors immédiatement en selfie avec les précieux objets. Et, honnêtes, ils se dirigent dès le lendemain vers le commissariat le plus proche pour partager leur magot. Sur place, les badauds sont dubitatifs : « C'est vrai qu'ils ont été très honnêtes [...]. C'est surprenant que ça ait été oublié », glisse un passant. « Ça m'intrigue. J'aurais bien aimé les découvrir moi-même », rêve une jeune femme qui passe près du chantier.

Et au cours d'aujourd'hui, cette découverte rarissime de presque 2 kilogrammes d'or pourrait leur rapporter pas moins de 200 000 €. Mais encore faut-il découvrir qui en est le propriétaire. Un avocat spécialiste en découverte de trésors, Maître Antoine Béguin, explique : « Là, s'agissant de lingots qui sont numérotés, ça me semble assez improbable qu'on ne puisse pas retrouver la trace de celui qui a caché ce trésor. Et à supposer qu'il soit malheureusement décédé, les objets appartiennent à ses héritiers. »

Les policiers sont maintenant chargés de rechercher les ayants droit. Si ceux-ci ne sont pas identifiés, les trois ouvriers pourront se partager alors librement le précieux butin.

40. Ces incroyables trouvailles doivent tout au hasard

Ces quatre histoires doivent tout au hasard. Elles ont changé la vie de leurs protagonistes et marqué à jamais leur mémoire avec des journées qu'ils ne pensaient jamais vivre, où l'or a coulé à flots. Ces moments extraordinaires prouvent que la chance peut tomber n'importe où et par hasard sur tout le territoire français.

• Un trésor découvert en forêt

La plus ancienne histoire remonte au 29 janvier 1935 et doit tout au hasard. Partie chercher des morceaux de bois en forêt malgré le froid et la neige, une habitante du village d'Inval-Boiron (Somme) tombe nez à nez avec deux boîtes en bois particulièrement abîmées. Curieuse, elle les ouvre sur place et voit six lingots d'or briller sous ses yeux. Très vite, elle fait le rapprochement avec un fait divers qui a fait la une des journaux. C'est une partie du chargement tombé d'un avion britannique qu'elle vient de trouver. En gens honnêtes qu'ils sont, avec son mari, et malgré leur condition de « pauvres gens », ils se rendent immédiatement chez les gendarmes. Le journal local précise alors que ces six lingots faisaient partie d'une cargaison de huit lingots, perdus lors de l'accident du fameux avion. Soit tout de même 79 kilogrammes d'or.

• Un bel héritage qui se transforme en or

Plus récemment, en 2016, un homme habitant Évreux en Normandie est l'héritier d'une belle maison cossue. Il s'empresse de prendre ses nouveaux quartiers. À l'intérieur, il découvre tout un tas d'objets appartenant aux anciens propriétaires, qu'il pense sans valeur. Il faut faire place nette, mais en s'affairant à faire grand ménage, les découvertes plaisantes s'enchaînent : des petits puis des gros lingots d'or sont mis au jour. Et même des dizaines de pièces... Au total, pas moins de 100 kilogrammes d'or ont été cachés sous les meubles, dans du linge ou même dans la salle de bains par les anciens propriétaires. Soit un montant total de 3,5 millions d'euros. Mais sur cette somme, le Fisc veille et l'homme devra tout de même payer 45 % de taxes sur la valeur totale.

• Des sangliers au bon flair

Un matin de 2016, un retraité de Pontoise découvre son terrain ravagé par les sangliers au cours de la nuit précédente. Furieux, il commence à remettre son pré en état quand il se retrouve nez à nez avec un petit coffre mystérieux, enterré au milieu de sa propriété. En l'ouvrant, bingo ! L'homme découvre des pièces à l'effigie de Napoléon III en grande quantité : deux cent trente-sept au total, toutes en or, avec une valeur de 30 000 € à l'époque. Le butin proviendrait d'un grand-oncle décédé.

• Un chantier qui vaut de l'or

Nous sommes en 2019. Trois artisans s'affairent à réparer un manoir dans le Finistère. En inspectant un mur en mauvais état, ils trouvent une boîte métallique remplie de pièces d'or. Trois jours plus tard, rebelote. Cette fois-ci, c'est au-dessus d'une poutre qu'ils dégottent une bourse pleine de pièces d'or. En tout, la découverte comprend pas moins de deux cent trente-neuf louis d'or dont certains, très rares, valent entre 8 000 € et 15 000 € pièce. Les enchères de la vente ont atteint le million d'euros, que les découvreurs et le propriétaire se sont empressés de partager.

41. Découvrez l'once, une histoire commencée à Troyes

Si vous suivez régulièrement les cours de l'or qui battent des records ces dernières semaines, vous aurez remarqué que l'on parle d'une unité de mesure bien spécifique : l'once d'or, ou plus précisément « l'once troy ». Une référence au niveau mondial pour évaluer la valeur de l'or et qui résiste face aux autres unités de mesure, comme le kilogramme. L'once a un poids précis de 31,1035 grammes. Pour comprendre sa longévité, il faut se plonger au Moyen Âge quand l'or se négociait dans les grandes foires marchandes. En Champagne, la ville de Troyes était l'un des carrefours mondiaux parmi les plus influents d'Europe. On y trouvait des marchands flamands, italiens et anglais qui s'échangeaient sur place soieries, épices et autres métaux précieux.

Mais il fallait une unité de mesure commune pour réaliser les transactions. C'est ainsi que « l'once troy » est née. Elle prend son origine à l'époque romaine, quand, à Rome, le système monétaire reposait sur des barres de bronze découpées en douze unités, appelées « uncia ». D'où le mot once. Chaque *uncia* pesait 31,1 g. Cette unité a été conservée depuis. Les foires de Troyes ont donc joué un rôle clef pour standardiser une unité de mesure encore utilisée aujourd'hui.

Mais on doit cette longévité en grande partie aux Anglais qui l'adoptent dès 1527 pour l'or et l'argent : « Les Anglo-saxons ont gagné la bataille de l'or », pose d'emblée Jean-François Faure, président et fondateur du site AuCOFFRE. « En 1527, sous le règne d'Henri VIII, l'Angleterre adopte officiellement cette unité pour peser ses pièces d'or et d'argent. » Et la domination navale anglaise va faire le reste pour imposer l'once comme unité de mesure dans le monde. « La puissance navale et commerciale britannique commence alors à surpasser l'Espagne », rappelle Simon Rostron, consultant pour la LBMA (London Bullion Market Association). Un avantage crucial pour l'once. Les États-Unis, par la suite, vont aussi adopter l'once dès 1828 comme unité de mesure, la rendant incontournable plus tard au niveau mondial.

Mais comment expliquer cette impressionnante longévité ? Le milieu des transactions en or est très conservateur et il est plus facile d'échanger 31 grammes en or plutôt qu'un kilogramme. Changer d'unité de mesure reviendrait en plus à recalculer tous les contrats et prix existants. Enfin, notre fameuse « once troy » est aujourd'hui reconnue universellement sur les grandes places de marché, comme Londres (LBMA) ou New York (Comex). On le voit, l'once d'or a encore de beaux jours devant elle.

42. Ce sel à la poudre dorée a rapporté 10 000 € aux heureux élus

Cette célèbre marque française de sel s'est largement inspirée du film *Charlie et la chocolaterie* pour fêter ses 90 ans. Et grand bien lui en a pris, car elle a fait quelques heureux parmi ses clients les plus fidèles. La Baleine a ainsi dissimulé de la poudre d'or dans un nombre restreint de ses salières vendues dans des commerces grand public. Seulement dix boîtes contenaient le précieux sésame, dans du sel fin de mer, commercialisé exclusivement en France. Car, quand on fête ses 90 ans, il faut marquer le coup pour une date anniversaire symbolique.

Et pour l'entreprise La Baleine qui commercialise le sel de mer produit aux Salins du Midi à Aigues-Mortes dans le Gard, l'idée lui est venue de l'univers du cinéma. En effet, comment ne pas penser aux cinq célèbres tickets d'or de Willy Wonka dans *Charlie et la chocolaterie* de Roald Dahl ? Les similitudes sont nombreuses avec ce jeu intitulé *À la recherche de la salière d'or* et qui a consisté à dissimuler de la poudre d'or dans des flacons, sans signe extérieur pouvant les différencier. Le tout dans des boîtes de 500, 550 ou 600 grammes, mises en vente à la fin de l'année 2024.

Les heureux gagnants n'ont eu qu'à miser sur la chance. Il suffisait de tomber sur la bonne salière et ainsi empocher 1 000 €. Soit 10 000 € à gagner au total pour ce jeu. Et que les gourmets se rassurent ! S'ils veulent la consommer, cette poudre en or est tout à fait comestible. Attention à ne pas toute l'engloutir, cependant, car sur les réseaux sociaux, La Baleine précise : « Si vous trouvez de l'or dans votre salière, ne la jetez pas à la poubelle. Elle vous permet de remporter une belle somme d'argent. » Cette composition exclusive et produite en série très limitée repose sur une recette secrète de « 90 % de sel de mer fin iodé

La Baleine, 10 % de poudre dorée et un peu de curcuma », précise l'entreprise. Les gagnants peuvent retirer leurs gains jusqu'au 31 décembre 2025 en se manifestant auprès de la marque. Dix heureux chanceux qui auront gagné de quoi se faire plaisir grâce à cette inédite poudre d'or cachée dans du sel.

43. Plongée au cœur du trésor de la Banque de France, à 27 m en dessous de la ville de Paris

C'est un « Fort Knox à la française » qui renferme quantité d'or, un magot stratégique pour le pays, dans un lieu méconnu et ultra-sécurisé. C'est sous l'hôtel de Toulouse, dans le 1er arrondissement, que cette forteresse blindée abrite depuis 1927 les précieuses réserves en or de la Banque de France. Rares sont les personnes à pouvoir y accéder. À l'intérieur, une succession de salles de coffres s'étend sur plus de 10 000 m^2, soutenues par six cent cinquante-huit piliers, bien à l'abri des regards indiscrets, et dissimulées sous les pas des Parisiens. Construite entre 1924 et 1927, « La Souterraine » – son surnom – accueille de l'or stocké en lingots de 12,5 kilogrammes, avec une pureté minérale de 99,5 %, répondant ainsi à la norme strictement imposée par la London Bullion Market Association. Près de huit cents coffres seraient ainsi enterrés sous la ville de Paris, en toute discrétion.

« Tout l'or du monde représente moins de 180 000 tonnes, soit environ 9 000 m^3 (pour 19,5 tonnes/m^3) », rappelle la Banque de France. « La Souterraine pourrait l'accueillir sans difficulté. » Le lieu comptait pas moins de 2 436 tonnes d'or en 2024, avec une valeur sans cesse valorisée au gré des hausses des marchés. Si officiellement le stock n'a pas fluctué depuis 2009, son cours est bien entendu corrélé à celui des métaux précieux et n'a cessé de croître.

La Banque de France précise qu'il « n'y a aucun projet de le faire varier dans les années qui viennent ». En mars 2025, avec les successives hausses de l'or, la valeur du stock de la France s'est envolée à une somme théorique de plus de 200 milliards d'euros. Cet immense pactole permet au pays d'être classé comme quatrième nation la mieux dotée au monde, derrière les États-Unis (8 133 tonnes) ou l'Allemagne (3 373 tonnes).

« C'est un actif de réserve qui contribue à la solidité du bilan de la Banque de France et donc à sa crédibilité pour conduire ses missions de façon indépendante », précise l'institution. Pour une sécurité maximale, les coffres-forts sont enterrés à 27 mètres sous terre. Plus d'un hectare est ainsi aménagé à l'abri des regards de curieux.

Pour des raisons de sécurité, moins d'une dizaine de personnes ont accès à ce stock stratégique pour le pays : sas de sécurité, ascenseurs enterrés, portes épaisses et blindées, accès à déverrouiller avec la rétine de l'œil... Le parcours est fortement sécurisé dans les dédales de ces quatre tourelles parfaitement isolées. Arnaud Manas, directeur du service patrimoine, rappelle que « dans la Souterraine, on n'y entre jamais seul. C'est le principe des quatre yeux ; chacun se contrôle mutuellement. » Bien entendu, le public a l'interdiction formelle de visiter les lieux.

44. Bon plan : l'État français vend ses lingots en dessous des prix du marché

C'est un bon plan que les investisseurs de tous bords devraient mieux connaître pour réaliser de belles affaires. L'État français vend de l'or bien en dessous des prix du marché et ces ventes sont accessibles au grand public. Avec une qualité vérifiée et des garanties certifiées par l'État, les épargnants à la recherche d'opportunités auraient tort d'ignorer une telle offre. Pour espérer décrocher la bonne affaire, il faut se tourner vers les services de l'État, plus particulièrement celui de la douane et des domaines.

Ces institutions nationales organisent régulièrement des ventes aux enchères publiques de biens mobiliers ou immobiliers sur un site web officiel. Les objets ainsi mis à disposition du grand public sont issus de saisies de justice ou d'abandons et sont proposés à des prix défiant toute concurrence. Par exemple, une console de jeux vidéo de marque Nintendo a été mise à prix pour seulement 15 €. Il y a aussi des montres de marques de grand luxe à partir de 100 € ou encore des lingots d'or de différentes tailles à des prix particulièrement attractifs. Les affaires vont bon train. Attention, tout de même. Ce sont des enchères publiques qu'il faut remporter, mais rien ne vous empêche de tenter votre chance. Un filon qui pourrait être particulièrement intéressant actuellement, alors que le cours de l'or ne cesse d'augmenter.

Voici quelques exemples de prix officiels relevés lors de mises en vente par l'État : fin décembre 2024, un lingot d'or de 500 grammes se négociait à 31 000 € en mise de départ. Soit 23,3 % de moins que le prix du marché. Une plus-value alléchante virtuelle de 10 000 € en cas de revente, à laquelle il ne faut pas oublier de soustraire diverses taxes :

retirer les frais d'adjudication de 11 %, puis les retenues sur les métaux précieux. Ensuite, deux options se présentent à vous : revendre immédiatement avec une taxe de base de 19 % et des prélèvements sociaux de 17,2 %. Sinon, vous pouvez conserver votre or pendant quelque temps pour bénéficier de l'abattement fiscal de 5 % par année de détention. Et ce, dès trois ans. Attention, la limite de dégrèvement est atteinte au bout de vingt-deux ans. Il ne vous reste plus qu'à tenter votre chance sur l'adresse officielle : https://agrasc.gouv.fr/ventes-aux-encheres/. Bonnes enchères !

45. Ces objets insolites que vous avez peut-être à la maison valent de l'or

Il n'y a pas que les bijoux et les pièces de monnaie qui ont de la valeur lorsqu'ils sont fabriqués en or pur. Les placards et les tiroirs des Français recèlent nombre d'objets insolites qui peuvent aussi contenir de l'or. Voici lesquels.

- **La décoration :** Avez-vous tout d'abord jeté un coup d'œil à vos objets de décoration ? À une certaine époque, ils étaient confectionnés à partir d'or, ce qui leur donne une belle valeur actuellement. Que ce soit un vase brillant, le miroir de votre pièce de vie ou encore cet ancien bibelot trônant sur votre cheminée... regardez-y à deux fois. Ils peuvent contenir de l'or.

- **Les stylos à plume :** Autrefois, pour écrire, on utilisait principalement les stylos à plume. Ils sont devenus, au fil du temps, des objets de raffinement contenant de l'argent massif ou de l'or. Ces exemplaires ainsi conçus ont un attrait tout particulier pour les collectionneurs actuellement, mais aussi une valeur intrinsèque à ne pas négliger.

- **Les accessoires de mode :** Regardez de plus près les lunettes de soleil de vos parents, les boutons de manchette de la veste de votre grand-père ou encore les fermetures d'un ancien sac à main de votre grand-tante. Ils peuvent contenir de l'or. Une belle surprise qui peut faire fortement augmenter leurs prix en cas de revente.

• **La vaisselle :** La couleur dorée a toujours été tendance sur une table et s'il s'agit, la plupart du temps, d'acier inoxydable, d'autres couleurs imitent malheureusement parfaitement l'or. Il y a de cela plusieurs décennies, on produisait des assiettes en or fin ou des couverts de la même matière que l'on sortait pour les grandes occasions. Il se peut donc que votre vieille vaisselle, découverte dans votre grenier ou une brocante près de chez, vous contienne une belle part d'or.

• **Les broderies :** Les exemples d'objets en tissu qui peuvent contenir des fils d'or ne manquent pas : tapis, tenues diplomatiques, vestes militaires, tentures... On peut en tirer un prix intéressant en cas de revente. Mais les tissus brodés en or revêtent avant tout une dimension historique ou sont élevés en objets d'art et ont une plus grande valeur que l'or qu'ils contiennent. Il est alors plus intéressant de les proposer dans des ventes aux enchères.

46. À quoi sert le magot caché de la France ?

La France, qui est le quatrième pays plus gros détenteur d'or au monde, possède pas moins de 2 400 tonnes stockées dans ses coffres, au cœur de Paris, sous le siège de la Banque de France (voir chapitre 43). Au cours de l'once actuel, ce magot s'élève à plus de 200 milliards d'euros, soit 8 % du PIB français. Si près de 90 % de ces réserves sont précieusement gardées sous la capitale, le reste est réparti principalement entre les États-Unis et Londres, cette dernière abritant la place boursière de référence pour la cotation du métal jaune. Rappelons que depuis 1971 et la fin des accords de Bretton Woods, l'or n'a plus de cotation associée à une monnaie.

À quoi sert-il, alors, de nos jours ? Quel intérêt ont les pays à le garder précieusement caché ? « Pour certains États, avoir un stock d'or, c'est un outil de stabilisation de la monnaie pour éviter qu'il y ait trop de volatilité », explique Philippe Joly, expert de l'or et responsable de la distribution externe chez Financière de la Cité. « En cas de dévaluation, par exemple, on peut vendre du stock pour soutenir sa monnaie », rappelle-t-il. Une solution rarement utilisée de nos jours, les grandes économies européennes ou américaines préférant garder leur or, d'autant que la monnaie unique du vieux continent, par exemple, a mis une distance entre les nations et les décisions politiques monétaires communes.

À cela s'ajoute le fait que la plupart des pays occidentaux n'achètent plus de stocks d'or supplémentaires actuellement, sa cotation ayant atteint des niveaux trop élevés. Aussi, des contrées économiques prospères de premier plan comme les États-Unis ou l'Europe n'ont pas besoin de leur stock d'or pour asseoir leur solidité monétaire. C'est donc plus un héritage historique avec une valeur symbolique plutôt qu'un investissement pesant sur les politiques à venir. En France, sous la présidence de Nicolas Sarkozy (2007-2012), le pays a même vendu pour 590 tonnes de ses stocks d'or, soit près de 20 % des réserves nationales, en seulement cinq petites années. Le but était de réduire le déficit. « Aujourd'hui, pour la France, ce serait une erreur stratégique sur les marchés de vendre son or », estime Olivier Lechevalier, fondateur de DeftHedge. « Vendre un actif qui est une valeur refuge, ce serait un mauvais signal qui traduirait une fébrilité dans un contexte international déjà compliqué. » Tout est dit.

47. 173 000 € envolés : une arnaque bien ficelée

Jean-François, paisible retraité habitant dans le sud-ouest de la France, pensait avoir fait une bonne affaire en investissant en ligne sur un site qui vantait des placements records avec de la matière or. Un produit *a priori* alléchant qui s'est rapidement transformé en cauchemar. Il explique dans un reportage diffusé sur TF1 comment son argent s'est rapidement envolé : « Je voulais investir dans l'or. J'avais un peu d'économies et puis tout le monde me disait : "C'est un placement refuge, etc." Donc j'ai commencé à regarder sur Internet. Je suis tombé sur un site qui avait, *a priori*, très bonne presse. Par exemple, le magazine *Forbes* vantait un peu les mérites du site. Il expliquait que ça a "dix ans d'expérience dans le secteur aurifère et quatre mille cinq cents investisseurs satisfaits" ». L'homme accorde alors vite sa confiance en ligne et, au début, tout se passe bien. Des virements mensuels de 266 € arrivent sur son compte. De quoi le rassurer, mais bien vite, il va déchanter.

Le temps, cependant, pour la malheureuse victime de réaliser trois autres versements en quatre mois, soit une somme totale de 173 000 €, partie dans la nature. On lui promet pourtant en retour des « dividendes » de 783 € mensuels. Jean-François, retraité de l'armée, ne se méfie pas. D'autant plus qu'il est précisé que l'or est stocké en Suisse auprès d'une société renommée. Après huit mois de versements réguliers, l'argent n'arrive plus sur son compte et quand l'homme de 62 ans essaie d'avoir des explications, la plateforme est aux abonnés absents. En colère, Jean-François explique : « Je suis tombé de haut. J'ai été très déçu parce que je suis quelqu'un qui accorde facilement sa confiance. On se sent vraiment trahi et puis je ne suis pas tout seul. J'ai une épouse qui ne travaille pas. J'ai un fils de 14 ans. J'ai même honte. »

Pour tenter de récupérer son dû, le retraité a fait appel aux services de Marc Bouzy, spécialiste des arnaques financières, mais le combat s'annonce ardu. « En fait, le site d'origine a été copié. C'est une usurpation d'identité. Et donc vos certificats sont des faux et, malheureusement, vous n'avez pas d'or stocké en Suisse », énonce-t-il comme un couperet. Une plainte a été déposée en France, mais les escrocs ont parfaitement dissimulé leurs identités et courent toujours. Jean-François ne veut rien lâcher : « On a eu la confirmation que l'enquête est ouverte au pénal en Belgique avec la saisie d'un procureur. Donc, il faut se constituer partie civile pour être indemnisé lorsque le procès arrivera à son terme. » L'enquête est maintenant dans les bureaux de la justice belge, mais elle devrait durer encore de longues années.

48. De l'or se cache-t-il dans votre galette des Rois ?

La mode de glisser des lingots d'or dans la galette des Rois fait des émules en France. On a recensé, en janvier 2025, pas moins de quarante-trois boulangeries qui ont participé à cet événement sur tout le territoire. Et encore, on ne compte pas les indépendants qui ont pu faire une opération similaire. En 2025, dans cette chaîne de pâtissiers-boulangers, on pouvait remporter de petits lingots, simplement en achetant et en dégustant une galette. Cela permettait de mettre la main sur un poids en or de 5 g par lingotin. Soit une valeur « de 440 à 460 € selon le cours de l'or », détaille le règlement qui a encadré cette loterie d'un nouveau genre.

Dans tous les cas, il n'y a qu'un seul élu par point de vente et pour valider son gain, il suffisait de scanner le QR code qui se trouve sur le carton de la galette pour participer et tenter de gagner le précieux objet.

Mais une telle opération est-elle rentable pour un boulanger ? Un professionnel d'Arras (Nord-Pas-de-Calais) explique à France 3 : « C'est mon budget communication de l'année. Alors, je trouve que 400 €, ce n'est pas excessif. Normalement, on ne fait pas tellement de publicité, parce que, chaque fois, il n'y a pas vraiment de retour. Ça rapporte surtout aux publicitaires. » Mais là, il se murmure qu'un client sur deux reviendrait tenter sa chance en achetant une nouvelle galette. De nombreuses boulangeries en France, notamment à Lille, Cambrai, Amiens ou Beauvais ont participé à cette opération, amenée à s'étendre au fil des ans.

Cette opération a pu voir le jour grâce à un partenariat noué avec le Comptoir national de l'Or. Tout a été strictement encadré : « Le faire soi-même, c'est compliqué. C'est un métier. Il faut un huissier pour le tirage au sort, il faut écrire un règlement général de jeu... Vous ne pouvez pas faire gagner le lingotin à votre copain », énonce le boulanger du Nord. De quoi rassurer les consommateurs à la recherche de leur Graal en or.

Et l'artisan-pâtissier qui participe à ce jeu-concours bénéficie de tout un arsenal marketing durant la période de l'Épiphanie : prospectus, affiches, emballages... De quoi faire parler autour de soi, d'autant plus qu'une seule participation par boulangerie et par département a été autorisée. Cette opération permet aussi de vulgariser l'or auprès du grand public, comme l'explique Farida Bouguerra, référente pour le Comptoir national de l'Or : « Le boulanger accueille une vaste clientèle. Tout le monde va acheter son pain. Ça nous permet aussi de nous rapprocher d'un vaste public pour raconter l'histoire de l'or et de pouvoir augmenter notre périmètre. »

Bon à savoir : les lingots ne sont pas insérés directement dans la galette pour des raisons de sécurité, mais remis en mains propres aux gagnants lors d'une cérémonie officielle qui s'est tenue début février.

49. En cas de crise, l'État français peut-il prendre votre or ?

C'est un sujet tabou et pourtant une question légitime que l'on se pose souvent. Que peut faire l'État français en cas de crise majeure avec votre or ? Se poser la question n'est pas si anodin, quand on sait qu'au cours de l'Histoire, des cas similaires se sont présentés à l'étranger. Un exemple marquant a eu lieu en 1933 aux États-Unis quand le président Franklin D. Roosevelt a signé l'ordre exécutif, l'*Executive Order 6102*. Il ordonnait la confiscation d'or détenu par les citoyens américains, après la crise de 1929. Une décision dictée par la nécessité de relancer l'économie du pays et les conséquences de la Grande Dépression, un krach américain majeur, tout en permettant de stabiliser le système bancaire.

En Europe, aucune décision d'une telle envergure n'a été prise pour l'or des particuliers, sauf lors de la Seconde Guerre mondiale, afin de soutenir l'effort militaire. Cependant, il s'agissait surtout pour les autorités de contrôler les réserves d'or de leur pays, afin de parer à toute fuite excessive. Voici certains faits historiques, des cas notables recensés au cours de l'Histoire, quand les États ont voulu confisquer l'or de leurs citoyens :

- **Dans l'empire austro-hongrois de 1919 :** une ordonnance a été prise dans ce pays d'Europe centrale, juste après la Première Guerre mondiale, afin d'obliger les citoyens à échanger leur or contre de la monnaie papier. Et ce, dans le but de stabiliser l'économie post-guerre.

• **Dans l'Italie fasciste (1922-1943)** : Benito Mussolini a encouragé les Italiens à donner leur or pour soutenir le régime quelques années après sa prise de pouvoir, dans les années 1930.

• **Aux États-Unis en 1933 :** à la suite de la Grande Dépression de 1929, l'ordonnance obligeait là aussi les citoyens américains à échanger leurs pièces et leurs lingots d'or contre du papier-monnaie.

Mais qu'en est-il en France aujourd'hui ? La législation dans l'Hexagone n'est pas permissive, mais elle n'est pas exempte de restrictions en cas de force majeure. Le Code monétaire et financier ne prévoit pas explicitement de confiscations, mais certaines dispositions ont de quoi refroidir les investisseurs les plus chevronnés. Il peut être mis en place des restrictions sur les transactions, afin d'éviter une fuite massive des capitaux.

La taxation peut aussi être brutalement augmentée, afin de dissuader tout transfert d'or et d'en faire une alternative aux monnaies fiduciaires. Enfin, une déclaration obligatoire peut être renforcée auprès des propriétaires détenteurs de grandes quantités d'or. Mais l'application de ces mesures se heurte aux droits fondamentaux des citoyens et doit s'accompagner d'une compensation financière suffisante. De quoi voir venir...

50. « On jette de l'or depuis des années » : un nouveau procédé de recyclage efficace à 98 %

On a tendance à s'en débarrasser rapidement au bout de quelques mois ou de quelques années, quand on n'en a plus l'utilité ou que des nouveautés sortent dans le commerce. Une bien mauvaise idée, car les vieux appareils électroniques que vous avez chez vous et dont vous ne vous servez plus peuvent valoir de l'or. Particulièrement vos smartphones. C'est ce qu'ont mis en avant des chercheurs suisses de l'université de Zurich. Ils ont réussi à extraire une petite quantité d'or à partir des circuits imprimés de vieux ordinateurs PC et téléphones portables, technologiquement dépassés.

Le résultat convaincant a même donné des pépites très pures et faciles à revendre sur le marché de l'or. Avec une vingtaine de cartes mères issues de vieux ordinateurs, les scientifiques ont récupéré 450 milligrammes d'or de 22 carats, soit une valeur totale de 35 €. Leur secret ? Ils sont parvenus à extraire toute cette matière précieuse en utilisant des protéines de lactosérum. Étonnamment, ce sous-produit de la production fromagère se trouve en abondance et c'est aussi une protéine utilisée comme complément alimentaire par les sportifs. Ce processus d'extraction est donc facilement accessible et peu cher à utiliser.

Cette matière, transformée sous forme de poudre, a permis aux chercheurs suisses de créer une sorte d'éponge qui permet de collecter le métal précieux à l'aide d'un liquide absorbant. Cette technique peut aussi s'appliquer à la collecte d'autres matériaux comme le cuivre, le cobalt ou le lithium. Des possibilités qui suscitent l'intérêt des acteurs du recyclage. Cette découverte va bouleverser le monde des déchets électroniques ; un secteur de poids qui représentait pas moins de

50 millions de tonnes de déchets, rien que pour l'année 2022, entraînant toute une série de pollutions et de problèmes de stockage. Avec cette découverte, les chercheurs helvétiques espèrent changer la donne. L'auteur principal de cette expérimentation, Raffaele Mezzenga, s'est même exclamé, enthousiaste : « Il n'y a pas plus renouvelable que ça ! » Reste à transformer le procédé essayé en process industriel rentable, afin de toucher le plus grand nombre.

Dépôt légal novembre 2025

Librinova

www.librinova.com

www.ingramcontent.com/pod-product-compliance
Lightning Source LLC
LaVergne TN
LVHW090419210926
848480LV00002B/617

9791040592037